区域融合咨政助推高质量发展

中共南京市栖霞区委党校 主编

QUYU
RONGHE
ZIZHENG
ZHUTUI
GAOZHILIANG
FAZHAN

南京大学出版社

图书在版编目(CIP)数据

区域融合咨政助推高质量发展 / 中共南京市栖霞区委党校主编. —南京：南京大学出版社，2023.10
 ISBN 978-7-305-24944-0

Ⅰ. ①区… Ⅱ. ①中… Ⅲ. ①区域经济发展－研究－南京②社会发展－研究－南京 Ⅳ. ①F127.533

中国国家版本馆 CIP 数据核字(2023)第 191815 号

出版发行	南京大学出版社
社　　址	南京市汉口路 22 号　　邮　编　210093
出 版 人	王文军
书　　名	**区域融合咨政助推高质量发展**
主　　编	中共南京市栖霞区委党校
责任编辑	束　悦
照　　排	南京开卷文化传媒有限公司
印　　刷	江苏凤凰盐城印刷有限公司
开　　本	718 mm×1000 mm　1/16　印张 14　字数 234 千
版　　次	2023 年 10 月第 1 版　印次　2023 年 10 月第 1 次印刷
ISBN	978-7-305-24944-0
定　　价	86.00 元

网　　址：http://www.njupco.com
官方微博：http://weibo.com/njupco
官方微信：njupress
销售热线：025-83594756

* 版权所有，侵权必究
* 凡购买南大版图书，如有印装质量问题，请与所购
  图书销售部门联系调换

序

习近平总书记提出:"调查研究是我们党的传家宝,是做好各项工作的基本功。"新时代大兴调查研究之风,是各级政府推动工作指导实践的必修课,有助于聚焦新发展格局、落实"两个毫不动摇"、扎实推进共同富裕等重大问题,推动党的二十大精神落地生根。

2022年,栖霞区校地党校工作联盟课题调研工作进入第五年。这一年,秉承全方位推进"区域融合咨政"初心,区委党校与区委研究室一道,主动对接仙林高校优质师资、驻宁高校名家团队,为区领导联系的栖霞经济社会发展的热点难点课题选聘导师,组建了"1+3"调研团队,即1名高校院系指导专家,3名承办单位课题组成员。半年多来,25个课题组进部门街道、访平台园区,"身入"基层、"心到"一线,"聆听"民生、"把脉"栖霞,开展访谈调研、实地考察和线上咨政活动120场次,发放问卷8 000余份,形成了一批高质量的调研报告。其中,《推动区域地情类著录与志鉴文化融合发展的路径研究》入选第十二届中国地方志学术年会论文集,《关于地方人大专门委员会组成人员作用发挥的调研与思考》获全省人大系统优秀调研成果二等奖,《构建街道议政代表会制度栖霞模式 探索全过程人民民主基层实践路径》在《南京人大》发表,《分级分类:养老服务供需精准化创新研究——"栖彩颐养"社区居家养老服务栖霞实践》《全面推进栖霞区产业工人队伍建设改革的调研与思考》《强化栖霞区法治服务小微企业的实践与思考》3篇文章分别在省政府研究室、市委研究室内刊、《法治江苏》刊登,《栖霞区生物医药产业高质量发展的现状与对策建议》在南京市社科联《南京市创新发展蓝皮书》刊登,《聚焦"自治""降本""优效" 破题栖霞农村人居环境长效治理》入选南京市城市更新与农村人居环境整治提升典型案例,《栖霞区生物医药产业研究报告》收录《南京发展蓝皮书》,《深化推广仙林新时代"枫桥经验"城市版 推进栖霞区社区(村)干部队伍治理能力建设调研报告》《关于栖霞区跨境电商发展情况的调研与思考》《新形势下栖霞区工商联服务民营经济高质量发展途径研究》《栖霞区贯彻落实"双减"政策的实践研究》等4篇文章分获2022年度全市组织系统、商务系统、统战系统、党校系统优秀调研成果一等奖。

为充分发挥党校"为党育才、为党献策"的思想库智囊团作用,栖霞区委党校特组织编写团队将这些报告汇编成册,以体现以文载道、以文咨政的目的。需要指出的是,这些课题的论证和结项得到了江苏省委党校科研处、南京市委党校科研处的关心和指导,栖霞区委研究室也做了大量的工作;在调研组织和本书编辑过程中,联盟单位和各街道、部门给予了大力支持,在此一并感谢!

编　者

2023年5月

目 录

序 ……………………………………………………………………（001）

经济建设篇

"两集中"供地模式下政府快速有效供地的实施路径研究
……………………………… 南京市规划和资源局栖霞分局课题组、
　　　　　　　　　　　　　　南京大学政府管理学院指导组（003）
栖霞区生物医药产业高质量发展的现状与对策建议
………………… 栖霞区委研究室课题组、南京大学商学院指导组（018）
关于栖霞区金融业发展的几点思考
……………… 栖霞区人大办课题组、南京师范大学商学院指导组（027）
栖霞区生物医药产业研究报告
………………… 栖霞区科技局课题组、南京中医药大学药学院指导组（035）
涉案上市公司等企业合规经营、监管落实路径研究
………………………… 栖霞区检察院课题组、东南大学法学院指导组（043）
关于栖霞区跨境电商发展情况的调研与思考
……………… 栖霞区商务局课题组、南京财经大学国际经贸学院指导组（053）

政治建设篇

构建街道议政代表会制度栖霞模式　探索全过程人民民主基层实践路径
………栖霞区人大办课题组、南京市委党校党史党建教研部指导组（063）

全面推进栖霞区产业工人队伍建设改革的调研与思考
………栖霞区总工会课题组、南京财经大学工商管理学院指导组（073）

深化推广仙林新时代"枫桥经验"城市版　推进栖霞区社区（村）干部队伍治理能力建设调研报告
………栖霞区委组织部课题组、南京财经大学公共管理学院指导组（079）

新形势下栖霞区工商联服务民营经济高质量发展途径研究
…………栖霞区委统战部课题组、南京财经大学会计学院指导组、
南京大学政府管理学院指导组（087）

栖霞"智慧人大"建设实践与思考
………栖霞区人大办课题组、南京财经大学公共管理学院指导组（098）

关于进一步密切人大代表与人民群众联系的调研与思考
………栖霞区人大办课题组、江苏省委党校党史党建教研部指导组（105）

打造多维"廉合"体系　加强新时代廉洁文化建设的实践探索
………栖霞区纪委监委课题组、江苏省委党校廉政教育中心指导组（113）

关于地方人大专门委员会组成人员作用发挥的调研与思考
…………栖霞区人大办课题组、南京信息职业技术学院指导组（119）

文化建设篇

推动区域地情类著录与志鉴文化融合发展的路径研究
——基于南京栖霞区域地情类著录选题编撰的实践与思考
…………栖霞区档案局课题组、南京师范大学地理科学学院指导组（131）

社会建设篇

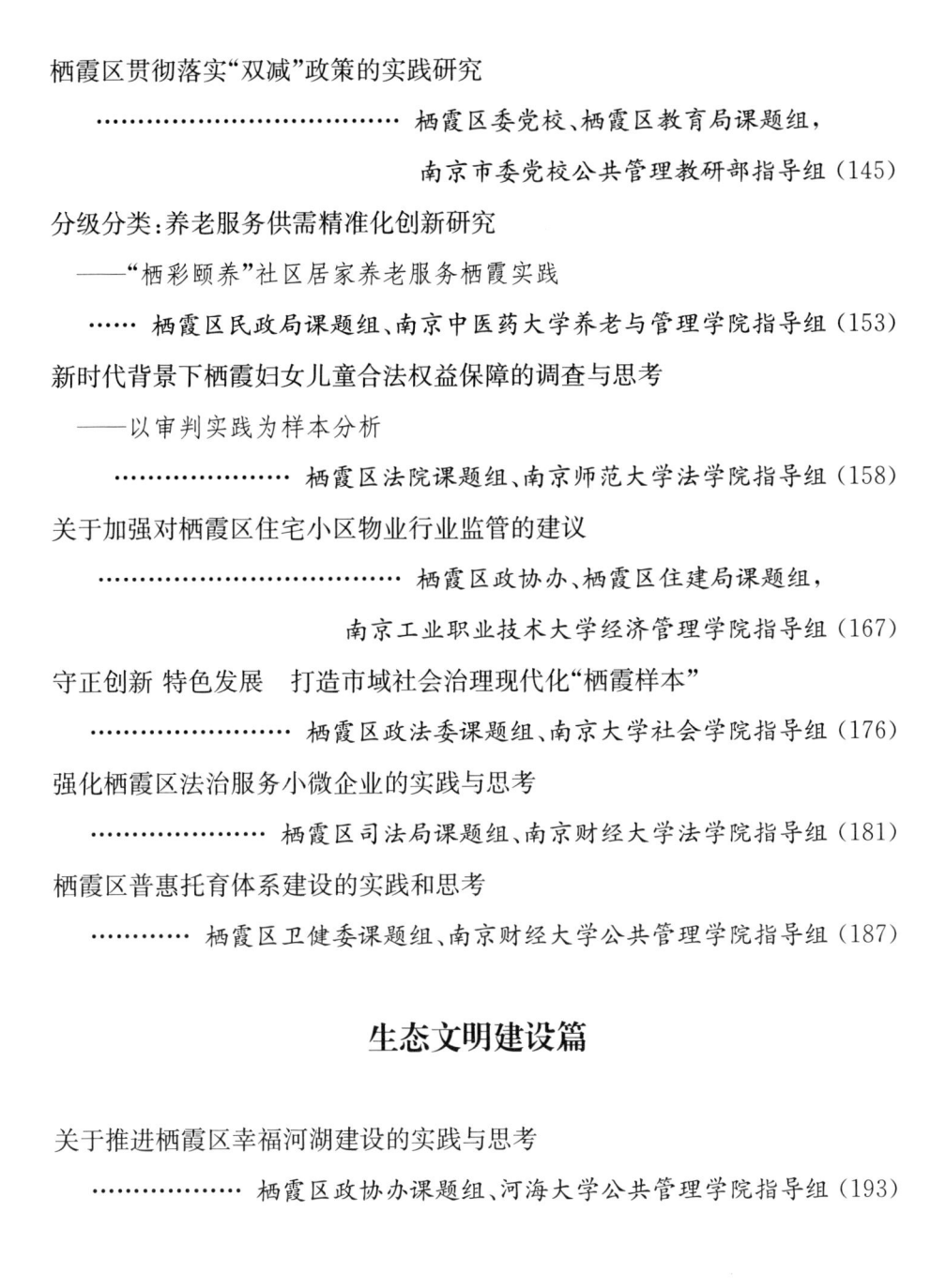

栖霞区贯彻落实"双减"政策的实践研究
　　……………… 栖霞区委党校、栖霞区教育局课题组、
　　　　南京市委党校公共管理教研部指导组（145）
分级分类：养老服务供需精准化创新研究
　　——"栖彩颐养"社区居家养老服务栖霞实践
　　…… 栖霞区民政局课题组、南京中医药大学养老与管理学院指导组（153）
新时代背景下栖霞妇女儿童合法权益保障的调查与思考
　　——以审判实践为样本分析
　　……………… 栖霞区法院课题组、南京师范大学法学院指导组（158）
关于加强对栖霞区住宅小区物业行业监管的建议
　　……………… 栖霞区政协办、栖霞区住建局课题组、
　　　　南京工业职业技术大学经济管理学院指导组（167）
守正创新 特色发展　打造市域社会治理现代化"栖霞样本"
　　……………… 栖霞区政法委课题组、南京大学社会学院指导组（176）
强化栖霞区法治服务小微企业的实践与思考
　　……………… 栖霞区司法局课题组、南京财经大学法学院指导组（181）
栖霞区普惠托育体系建设的实践和思考
　　………… 栖霞区卫健委课题组、南京财经大学公共管理学院指导组（187）

生态文明建设篇

关于推进栖霞区幸福河湖建设的实践与思考
　　……………… 栖霞区政协办课题组、河海大学公共管理学院指导组（193）

关于栖霞区碳达峰工作的实践探索
……………… 栖霞区发改委课题组,南京大学地理与海洋学院、

国土资源与旅游学院指导组（201）

聚焦"自治""降本""优效" 破题栖霞农村人居环境长效治理
………… 栖霞区农业局课题组、南京财经大学信息工程学院指导组（210）

经济建设篇

"两集中"供地模式下政府快速有效供地的实施路径研究

南京市规划和资源局栖霞分局课题组、
南京大学政府管理学院指导组[①]

一、引言

2021年2月,自然资源部发布住宅用地分类调控文件,要求22个重点城市住宅用地供应实行"两集中":一是集中发布出让公告,且2021年发布住宅用地公告不能超过3次;二是集中组织出让活动。22个重点城市除了北京、上海、广州、深圳4个一线城市外,还有南京、苏州、杭州、厦门、福州、重庆、成都、武汉、郑州、青岛、济南、合肥、长沙、沈阳、宁波、长春、天津、无锡18个二线城市。政策出台的目的是减少土地公开出让过程中关联信息不充分带来的对市场预期的影响,纠正信息披露随意性、碎片化、不确定等不规范问题,防止市场主体由于不掌握重要关联信息带来的竞争,进而实现稳地价、稳房价、稳预期。

"两集中"出台前,房地产调控政策正处于2020年初由宽松向紧缩转换的节点,在"房住不炒"的总基调下,政府已出台房企融资"三道红线"和银行"贷款集中度管理"政策,从金融端布局长效机制。市场层面,疫情结束后,房地产市场呈现供销两旺、销售面积快速上升、土拍溢价率不断上行的特点。"两集中"政策出台后,土地市场经历了首次集中供地的全国火热,到二批次市场热度快速下降,后续批次土拍流拍率不断升高,溢价率快速下降,央、国企成为土拍市场主力等过程。而同期房地产市场也从2021年上半年的高热转到2021

[①] 课题负责人:管文敏 专家指导:陈志刚
本文在2022年度栖霞区"校地党校工作联盟"课题调研评奖中获一等奖。

年下半年以来的市场持续下行降温。

综合来看,"两集中"供地政策的初衷与房地产市场的实际表现存在一定的偏离。在此背景下,有必要对"两集中"供地政策进行全面回顾,提高政策执行过程中的落地性和精准性。因此,本研究以土地集中供应为切入点,在阐述南京市栖霞区在土地供应市场实际表现的基础上,系统分析新形势下土地集中供应存在的问题,并对典型城市土地集中供应的主要做法进行分析,借鉴其成功经验,提出土地集中供应模式下地方政府快速有效供地的实施路径,形成针对性的对策建议。

二、栖霞区集中供地现状分析

栖霞区集中供地以来,共供应31宗地,供地面积119万平方米,成交17宗地,延期出让待成交8宗地,流拍/终止出让6宗地,平均流拍/终止率为26%(分批次供地情况如表1所示)。从全市范围来看,栖霞区供地占全市平均比重约为20%。2021年一批次和三批次供地量相对较小,占比较低,其余批次栖霞区供地量占全市比重均超过20%,占比最高的批次为2022年首批次集中供地,占比高达48%。总体来看,栖霞区属于南京集中供地主力供应区域,特别是主城区范围内。

表1 栖霞区集中供地情况一览表

批次	供应土地/宗	成交土地/宗	流拍/终止宗数	流拍/终止率/%	成交占地面积/万平方米	成交建筑面积/万平方米	成交楼面均价元/平方米	平均溢价率/%	土地出让金/万元	保证金/万元
2021-1	2	2	0	0	8	17	25701	30.3	443000	68000
2021-2	7	4	3	43	18	46	17896	6.3	821000	446100
2021-3	2	1	1	50	4	12	17923	0.0	221000	65800
2022-1	5	3	2	40	13	33	13838	0.0	453500	127900
2022-2	7	7	0	0	34	61	19916	2.8	1222000	237800
2022-3	8	全部延期出让								184000

分板块来看,热点区域的燕子矶、仙林湖、马群为主力供地区域,三大区域供应土地规划建筑面积占比达到68%。其中,燕子矶集中供地累计供应7宗地,占地面积37万平方米,规划建筑面积达到84万平方米,建筑面积占比达

到31%；仙林湖区域供应6宗地，占地面积23万平方米，规划建筑面积52万平方米，占比19%；马群区域供应地块仅4宗，但规划建筑面积达到51万平方米，占总建面比重达到19%。（图1）

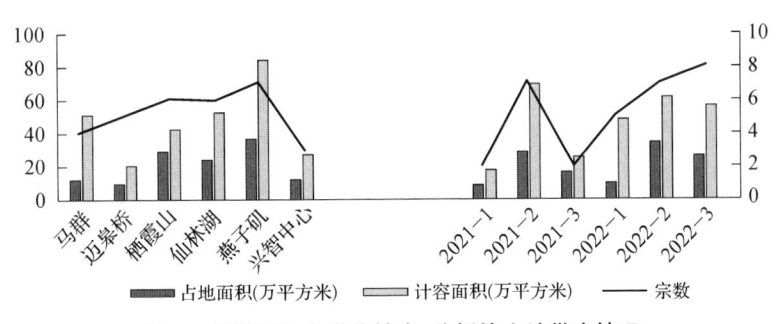

图1 栖霞区集中供分批次、分板块土地供应情况

从出让地块企业报名情况来看，企业总体参拍热度逐步下降。栖霞区总体地块报名热度低于同时期全市平均地块参与热度。2021年前两批次企业参拍热度较高，首次集中供地2宗地块吸引30家企业报名，单地块平均报名企业数量达到15家，二批次集中供地出让7宗地，共有24家企业报名，单地块平均报名企业数量3.4家。后续批次出让地块单地块平均报名企业数量仅约1家。同期南京全市集中供地单地块平均报名企业数量2—5家。从单地块来看，参拍热度最高的地块为仙林湖NO.2021G43地块，吸引了卓越、中铁、中海、新城、招商、越秀等20家企业参拍；迈皋桥NO.2021G42地块和燕子矶NO.2021G82地块分别吸引了10家企业报名；兴智中心NO.2021G79地块共有中铁、中海、奇瑞等8家企业报名。其余19宗地报名企业数量均不超过3家，大部分地块仅有1家企业报名。（图2）

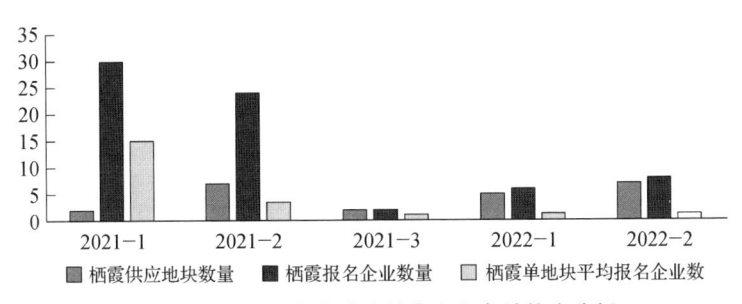

图2 栖霞区集中供地分批次企业参拍热度分析

三、集中供地存在的问题及原因剖析

(一)政策执行存在问题分析

1. 土地流拍率居高不下

2021年全国首轮集中供地市场表现火热,进入第二批次后,土地市场遇冷,土地流拍现象持续增加。从全国层面来看,首轮集中供地流拍率仅为6%,第二轮集中供地则有近1/3的土地无人参拍而出现流拍或被迫终止,土地流拍/终止率高达33%,第三轮集中供地各地调整出让政策后,土地流拍率依然高达21%。2022年各地加大城投托底力度,同步调整土地出让规则,增加利润空间,出让优质地块,缩减土地供应量,土地流拍率有所下降。2022年第一轮土地流拍率为21%,第二轮土拍流拍率进一步下降至7%。

南京整体走势与全国形势基本一致。2021年首轮集中供地流拍率仅2%,第二轮集中供地流拍率达到23%,第三轮土地名义流拍率为26%,但本轮供地国资平台公司托底成交26宗,考虑后续开发情况,则第三轮土拍实际流拍率高达69%。2022年第一批次尽管只供应了19宗地,但依然流拍/终止出让6宗地,土地流拍和终止比率高达32%。2022年第二轮土地供应44宗地,流拍/撤牌2宗,成交地块中若扣除国资平台托底地块23宗,则实际土地流拍率达到57%。

2. 成交溢价率底部徘徊

全国2021年首轮土拍成交地块溢价率为15%,此后溢价率水平一直处于低位徘徊。第二轮集中供地土地成交溢价率从首轮的高位迅速回落至4%。第三轮土拍溢价率平均水平为2.6%。进入2022年,第一轮和第二轮集中供地成交地块溢价率平均水平分别为4.7%和4.2%。从地块触顶成交率来看,2021年首轮集中供地触顶率高达41.5%,第二轮和第三轮集中供地触顶成交率则仅有14.4%和11.3%。从地块底价成交率情况来看,全国平均水平2021年首轮集中供地为35.4%,第二轮和第三轮集中供地底价成交率则快速上升至65.7%和76.4%。

南京市2021年首轮成交地块平均溢价率水平为18%,此后快速回落至第二轮的6%和第三轮集中供地的2.4%。受城投和平台公司大量托底地块底价成交的影响,2022年南京成交地块溢价率水平依然维持在低位徘徊,首轮集中供地溢价率为4.5%,第二轮集中供地溢价率为2.9%。

3. 地块成交呈现区域分化

集中供地对房地产开发企业的竞买保证金和土地款支付等资金要求比较高,同时住建部出台的三道红线和央行出台的银行贷款集中度管理从金融层面供需两端限制了房地产企业融资。理性的企业必然会将有限的资金投向安全边际更高、收益更高的城市和地块。因此,集中供地成交在城市和板块层面必然呈现出区域不断分化的现象。

2021年首次集中供地,房地产市场整体表现尚未出现下行,叠加企业首次集中供地模式下企业拿地欲望强烈,22个集中供地试点城市土地市场均表现火热,且城市内部不同板块同样表现出较高的热度。伴随2021年下半年房地产市场和土地市场整体下行,2021年第二批次集中供地中全国土地市场出现分化。土地成交遇冷后,多数城市快速反应,积极调整竞拍规则和出让条件,释放地块利润空间,吸引企业投资。土地端方面,如杭州降低起始地价、下调溢价率上限并上调房价限价,合肥减少配建要求,调整租赁住房配建政策等,从而降低企业开发成本。同时部分优化房地产市场调控规则,通过房票安置、调整限购范围等方式,激活刚需和改善需求。经过政策调整,杭州土地市场率先反弹,合肥、北京等城市土地市场逐步在恢复中。但也有部分城市整体依然表现较差,如沈阳、重庆、长春、济南等城市,土地流拍率依然居高不下,地方财政有较大压力。

同一个城市内部不同区域、不同板块之间,在市场下行阶段同样会出现分化。结合区域和板块的供求关系、库存情况等,企业倾向于选择聚焦主城区、聚焦热点板块的策略,对投资项目的去化周期、配套能级、收益水平等要求更高。如江宁正方新城、雨花人居森林、江宁滨江等区域,2021年首轮供地基本都需要摇号确定竞得人,但后续集中供地中同板块质量相近的地块却无企业愿意报名参与。

(二) 原因剖析

1. 市场端

2022年1—7月,全国商品房销售面积为78 178.0万平方米,同比下降

23.1%,其中住宅销售面积为 66 087.0 万平方米,同比下降 27.1%;全国商品房销售额为 75 763.0 亿元,同比下降 28.8%,其中住宅销售额为 66 328.0 亿元,同比下降 31.4%。

从栖霞区来看,2013 年至今,房地产市场经历了 2014 年的供过于求,在 2015 年去库存中,供求关系反转,市场总体处于供不应求的态势,此后 2017—2019 年基本维持供求均衡态势。2020—2022 年供求关系再度反转为供过于求,目前市场处于库存逐步增加的状态。正常年份市场容量约 130 万平方米。从价格角度来看,2013 年至今,房价均价逐步上升,2013 年房价均价 14 843 元/平方米,2016 年开始快速上涨,2017 年达到 27 858 元/平方米,目前均价维持在 30 325 元/平方米。(图 3)

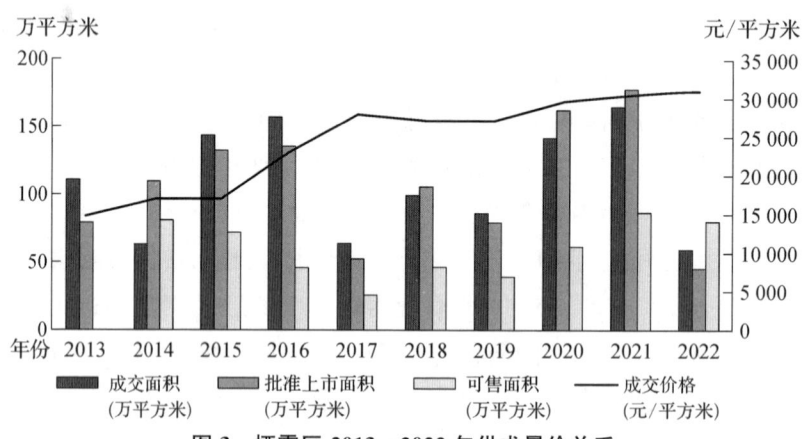

图 3　栖霞区 2013—2022 年供求量价关系

2021 年 4 月份以前库存套数约 5 000 套,去化周期 10 个月,伴随供应量增加和 2021 年上半年整体市场较好,尽管供应量增加导致库存数据同步增加至约 6 000 套,但库存去化周期下降至 7 个月左右。2021 年下半年受大环境

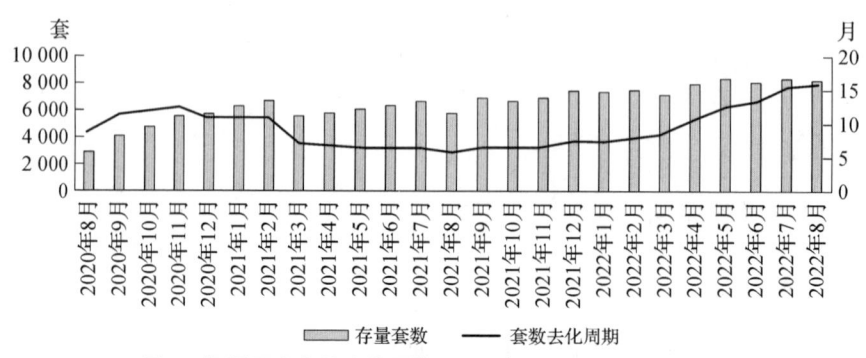

图 4　栖霞区库存及去化周期(2020 年 8 月—2022 年 8 月)

影响,市场去化能力下行,库存量增加至8 000套左右,库存去化周期快速攀升至15个月左右。(图4)

2. 企业端

集中供地进一步加大了房企资金压力,加剧了土地市场分化。集中供地后,试点城市土地供应改为一年三次,与过去土地平滑的出让节奏相比,房企竞拍需筹集更多资金应对保证金和出让金,这对企业的融资能力和现金流管理能力提出更高的要求。此外,2020年"三道红线"试点以来,行业进入降负债、降杠杆的阶段,销售回款成为企业"回血"重要来源,而现阶段市场销售疲软,企业资金承压大。集中供地政策对房企造成资金压力主要体现在两个方面:① 增加了短期资金筹措压力。由于政府集中供地,企业如果在同一时间想拿多个地块的话,会有巨大的资金压力,这也给企业前期融资带来较大的工作压力。② 增加了现金流管理的压力,降低了资金使用效率,减少了资本收益率。受集中供地政策的影响,回笼的资金不能及时进行再投资,直接影响资金的使用效率,降低了资金周转率,从而进一步影响资本收益率。以2022年9月第三轮集中供地为例,北京、上海、合肥三个城市均于9月23日拍地,上海拍地保证金需要提前冻结一个月,合肥第三轮保证金金额超55亿,同期房企还需要筹集北京拍地保证金。集中供地模式下,企业短期现金流有较大压力。

3. 政府端

集中供地之前,地方政府供地计划相对随机,经常完不成计划,而且供应规模、节奏、分布也不明确,这在一定程度上导致了预期混乱、抢地盛行、房价上涨。集中供应模式下,地方政府可根据市场热度决定供地计划的调整。地方政府在供地计划编制的时候,除考虑土地的整理、收储进度及政府财政的相关要求外,还要求地方政府对房地产市场的健康情况、房企的投资计划、意向以及城市发展情况等有全面且深入的了解,才能做到供地计划的精准制定,并确保实施。

土地集中的出让必将分散市场关注力,同时当前房企融资仍然受限,短期内筹集足够的资金对多数房企压力较大,土地成交的价格在一定程度上被平抑,进而影响地方财政收入。同时,受到同期众多优质地块集中供应的影响,对自身素质一般的地块出让以及流拍地块重新上市来说,出让难度会更高。

此外,集中供地模式下,土地出让活动组织难度增加,土地收储、规划条件出具、地价评估、上市条件确定、组织挂牌和拍卖等,对地方政府的人力、物力、专业度等各方面均需要更高的组织能力。特别是南京这种大城市,年均出让土地接近或超过120宗的,对相关部门的组织协调能力是较大的考验。

4. 消费端

受到市场行情转冷、金融信贷政策趋严等因素影响,南京买房人的信心亟待回升。一方面,消费者对未来的预期、恐惧和担忧并没有完全消失,因而削弱了购买力。现阶段我国经济面临"需求收缩、供给冲击、预期转弱"三重压力,多行业经营承受巨大压力,餐饮、文旅、制造业、房地产业、教育等行业发展均面临很大的不确定性,失业、被降薪越发普遍。另一方面,消费者对于开发商项目交付和质量的担忧。2021年下半年开始,房企暴雷事件开始频繁发生,融资渠道全方位被封,商票融资渠道失效,债券发行难度大,银行等金融机构出于自保断掉房企新增贷款,同时对于存量贷款项目现金流管控要求加大。尽管房企通过销售等渠道极力自救,但销售疲软,市场缩量成为共识,企业现金流压力巨大。基于此,消费者对房企的稳健性、交付的可能性以及交付的质量均持怀疑否定态度,因此不买房相对来说更为符合理性决策人的思维。

整体来看,目前对未来发展的信心仍相对较弱,经历房企暴雷潮、项目停工潮、购房者停贷潮之后,整个行业信心逐步降至低位,叠加经济下行周期、疫情持续性影响,购房者未来财富收入预期较弱,导致断供现象频发,未来经济发展、市场复苏仍需时间修复。

四、典型城市集中供地经验借鉴

(一) 杭州市集中供地经验

杭州市集中供地总体量较大,2021年第一批次供地57宗,后续两个批次约35宗,2022年第一批次达到最高,为60宗地,第二批次为45宗。土地出让金方面,2021年第一批次最高,达到1 160亿,2022年第一批次为826亿。从土地溢价率来看,首次集中供地平均溢价率高达26%,第二次集中供地受大环境影响,溢价率下降到4.6%,后续批次溢价率基本维持在6%左右,高于22城平均水平。成交规划建筑面积方面,单批次成交建筑面积约500万平方米。

流拍率方面,2021年第二批次出让31宗,流拍17宗,流拍率达到55%。此后政府从控制地块溢价率上限、调整土拍规则等多方面迅速调控市场,从2021年第三批次开始,杭州市集中供地率先反弹,市场重回供需两旺态势。(表2)

表2 杭州市集中供地情况一览表

批次	供应土地/宗	成交土地/宗	流拍/终止宗数	流拍/终止率/%	成交占地面积/万平方米	成交建筑面积/万平方米	成交楼面均价/元/平方米	平均溢价率/%	土地出让金/万元	保证金/万元
2021-1	57	56	1	2	298	748	15505	26	11603803	2159429
2021-2	31	14	17	55	81	174	14795	4.6	2574574	1356986
2021-3	35	35	0	0	176	416	18327	7.0	7627655	1425843
2022-1	60	59	1	2	250	565	14642	6.4	8267580	1595760
2022-2	45	45	0	0	174	344	16218	5.2	5571937	1059053

杭州市集中供地借鉴点主要包括以下两点:

1. 根据市场情况灵活推行土地预申请制度

杭州市首次集中供地执行了预申请制度,市场整体高热。第二批次集中供地时,政府出于平抑市场考虑,取消用地预申请制度,叠加全国市场大环境下行,土地流拍率较高。2021年第三批次重启地块预申请制度,市场快速升温。进入2022年,出于平稳地价的考虑,再次暂停土地预申请制度。在市场下行阶段,土地预申请制度可精准掌握企业参与意向,有效防止土地流拍现象发生。同时预申请制度下可接受多个企业同时提交预申请,且未进行预申请的企业可在预申请节点后通过提交正式参拍申请的方式参与地块竞争,因而不会对地块成交溢价率产生影响。同时,土地预申请制度下,意向用地企业可就地块规划条件、出让条件、地价等与出让人进行提前沟通,特别是商住地块沟通空间会更大。此外,相较于全额竞买保证金(通常为起始地价的20%),预申请保证金上限为5000万,从而可以大大降低集中供地模式下企业竞买保证金的压力,将有限的保证金资金覆盖更多意向地块,进而调动企业土拍热情,提高企业拿地概率。

2. 预留地块开发合理利润空间

集中供地模式下,理性企业的决策必然是将资金投向利润更高的项目。首次集中供地全国热度同频,杭州市土拍成交地块利润率总体表现较低,开发商盈利预期弱,大部分都是接近零利润,甚至可能会有"微亏"。通过调整地价、溢价率、房价、配建等政策后,2021年第二批次土拍利润率恢复至5%左右,此后集中供地大部分地块成交利润率逐步恢复至10%左右。

(二) 合肥市集中供地经验

合肥市集中供地总体供应量较小,2021年单批次供地约20宗,2022年单批次供地量逐步加大至30宗左右。从土地成交情况来看,除2021年第一批次和2022年第二批次成交规划建筑面积达到270万平方米左右,其余批次成交规划面积仅210万平方米左右。考虑安置房、租赁住房等,实际未来可形成供应的量更少,相较于主城区年均800万平方米左右的成交量,供不应求趋势明显。成交溢价率方面,2021年首批次供地溢价率水平最高,为19%,二批次和三批次溢价率水平降至4.7%,2022年土地成交溢价率逐步恢复至9%左右,总体来看合肥土地溢价率表现优于22城平均水平,土地市场竞争热度依旧。流拍率方面,2021年第一批次流拍率仅6%,受市场大环境影响,2021年第二、三批次和2022年第一批流拍率约27%,2022年第二批次流拍率下降至17%。(表3)

表3 合肥市集中供地情况一览表

批次	供应土地/宗	成交土地/宗	流拍/终止宗数	流拍/终止率/%	成交占地面积/万平方米	成交建筑面积/万平方米	成交楼面均价/元平方米	平均溢价率/%	土地出让金/万元	保证金/万元
2021-1	18	17	1	6	159	281	7866	19	2213622	559000
2021-2	17	12	5	29	112	226	8488	4.7	1921224	482000
2021-3	22	16	6	27	104	201	6902	4.7	1390060	455500
2022-1	32	24	8	25	104	219	8676	11.2	1896177	557500
2022-2	29	24	5	17	130	261	7299	7.9	1901522	464300

合肥市集中供地总体供地量较小,市场供求关系较好,土地市场整体表现较好,土拍溢价率领先22城平均水平。从供地经验角度来看,合肥市集中供地借鉴点主要包括:

1. 控制土地供应,维持房地产市场供求关系良性

从住宅市场成交结果来看,合肥近几年主城区年均住宅成交量为800万平方米左右,市场容量约1500亿。但土地供应方面,年均成交涉宅地块可形成住宅供应的建筑面积约500万平方米。且合肥城市首位度高,产业结构扎实,对省内其他地级市人口吸附力强。由此,合肥市整体土地和房地产市场均处于供不应求的态势,住宅项目去化流速有保证,企业拿地利润兑现度高。

2. 释放利润空间,吸引企业投资

合肥市2021年前两个批次集中供地地块利润率普遍较低,成交价下利润率为5%左右。进入2022年集中供地后,通过租赁住房政策调整、配建调整、房价限价变动等方式,地块成交价下利润率水平逐步恢复至10%—12%,且利润兑现程度高,在长三角城市中企业投资吸引力强。具体政策变动包括:① 逐步降低租赁住房面积。合肥市第一批次集中供地采用"价高者得+最高限价时转竞配建租赁住房+摇号"方式确定竞得人。第二批次调整为固定租赁住房配建比例上限的方式,第三批次集中进一步下调租赁住房配建比例。到2022年集中供地已逐步取消租赁住房配建比例,从而降低企业开发成本,提高利润水平。② 降低配建要求。针对前期流拍地块,重新上市后,通常会下调商业配建面积、减少代建幼儿园面积等。③ 上调房价限价。2022年第三批次开始对住宅毛坯限价进行上调(调整后毛坯限价基本与周边在售项目精装价相当),毛坯销售限价在二批次基础上增加1 000—1 500元不等。同时部分地块土地价格有所下调,整体利润空间拉大。④ 竞高品质满分由原来的120分调减到80分为满分。其中与装配式、精装修、地源热泵、空气源热泵等设备相关项均取消,从而减少企业开发成本,提高利润。

3. 缓解企业资金压力,增加银行保函作为参加土地竞买的履约保证方式

合肥市2022年第三批次土拍时间与北京、上海撞期。为了缓解企业资金压力,提高企业参拍热度,在第三批次土拍前夕,合肥土地市场网发文明确,在原有基础上增加银行保函作为参加土地竞买的履约保证方式,以此减轻房企拿地资金压力。

五、促进政府快速有效供地的对策建议

(一) 坚持"房住不炒"主基调,维护房地产市场平稳有序

坚持"房住不炒"的定位,不将房地产作为短期刺激经济的工具和手段,加

强预期引导,探索新的发展模式,加快构建以公租房、保障性租赁住房和共有产权住房为主体的住房保障体系,补齐租赁住房短板,解决好新市民和青年人的住房问题。继续稳妥实施房地产长效机制,努力做到稳地价、稳房价、稳预期,因城施策,促进房地产业良性循环和健康发展。合理支持刚需和改善性需求,维护房地产市场平稳有序发展。借鉴各地在需求释放方面的创新做法,包括首套和二套、新房和二手房,以及在人才、农民工、新市民、三孩家庭、大学生等层面推行的政策,合理调节市场供求关系,加速市场库存去化。

(二) 加大住房供给侧改革,实施精准供地

供给侧作为住房供需平衡调节的基础,为实现"住有所居"的愿景,应充分注重住宅用地供应中存在的结构性问题,妥善推进住宅用地供给侧结构性调整。结合近年的供地数量、供地结构、市场需求和房地产去库存等情况,围绕项目需求,突出分类指导、有保有压的原则,探索土地供应新机制。兼顾市场和保障两手抓,合理确定商品住房、租赁住房的用地比例和规模,提高"精准供地"能力。

首先,需协调土地与产业、人口的关系,做好供地计划的执行,从总量上加大住宅用地的供应以匹配人口增长的幅度;其次,需强化土地要素保障,单列租赁住房用地计划,加大小户型、低总价租赁住房供应,保障新市民的租住需求;再次,需切实解决好价格结构的不合理,适时加大中低档次商品住宅用地的供应,以解决人口结构中占比较大的刚需群体的居住需求;最后,需注重区域性的供需失衡,加强住宅用地分类调控的要求,深化房地联动机制,参照各区新建商品住房去化情况,有保有压,实施精准供地。针对库存量大、去化周期冗长的区域,精准管控用地审批,促进其优化调整房地产用地规模和时序,维护不同区域住房市场的供需平稳。

(三) 发挥区平台统筹能力,提高供地效率

集中供地要求地方政府更加科学地编制年度供地计划,合理设定土地推出价格以及地块类型配比,优化土地资源市场化配置,对地方政府供地行为形成有效约束,引导土地市场合理运行。同时,单次大批量的土地供应,也对政府的管理组织能力提出了更高要求。建议集中供地模式下,充分发挥区平台统筹能力,提高供地效率。

(四) 优化供地政策,提高政策灵活性

1. 加大土地推广力度,试行土地预申请制度

借鉴杭州、北京等城市已推行成熟的土地预申请制度,优化供地政策。在土地正式挂牌出让前,增加土地预出让公告,开发商可就意向地块进行预申请,在预申请阶段交纳保证金(有一定上限),交纳保证金后即可确认开发商参与土地预申请的资格。参与预申请地块的开发商,必须参与土地正式挂牌竞拍,作为政府正式挂牌后土地出让的兜底方。作为回报,参与预申请的开发商在土地正式竞买阶段不再另行交纳竞买时的保证金。

2. 优化土地出让条件

① 租赁住房方面,前期南京主要在每宗住宅地块中单独配建5%—10%的租赁住房,后期由竞得人用于自持经营。此模式下租赁住房整体较为分散,后期管理经营难度大,品质无法保证。可考虑取消每宗地块配建的模式,将租赁住宅指标采用集中建设的方式完成。通过各区租赁住宅地块集中出让的方式,由意向租赁住房开发的专业企业报名参拍,通过市场化的方式竞得地块后,由竞得企业规划、建设、经营,确保租赁住房项目开发品质和经营效果。② 控制商业比例。目前南京商办市场整体供应过剩,商住地块出让中建议适当下调商业配建比例,缓解商办市场库存压力,提高纯住宅小区开发品质。出于产业招商等需求,对于必须捆绑的大体量商住项目,则建议将企业意向前置,必须明确托底单位后地块方可挂牌上市,确保此类地块不会出现流拍情形。③ 配套先行。在地块出让前,除场地内做到场清地平外,红线外部分的供水、供电等市政管网建议配套先行,由政府提前完成市政建设,或者明确市政责任主体和费用主体、建设计划等,从而保障企业拿地后可快速开发建设,交付后的水电等市政项目不会缺项。

(五) 合法合规,适度缓解房企资金压力

1. 试行银行保函替代保证金参加土地竞买

在原有以土地竞买保证金交纳作为参加土地竞买履约保证的基础上,增加银行保函作为参加土地竞买的履约保证方式。从银行保函的功能来看,其是由房企向银行申请的一种保证函,银行作为保证人向自然资源和规划局开

立书面担保,保证房企是有能力在后续缴纳竞买地块的竞买保证金的。以往开发商拿地的保证金需要锁定至土地购买结束。上述政策采用银行保函代替保证金功能模式,有助于缓解企业资金压力,降低土地竞买门槛,意向房企将有更大的自由拿地,从而提高企业土地竞拍热度,提升土地竞拍市场氛围,维护房地产市场稳定。

2. 加大银行保函替代监管资金政策执行力度,缓解企业资金压力

4月11日,南京市住房保障和房产局与中国人民银行南京分行营业管理部联合下发的《关于商品房预售资金监管试点使用银行保函的通知》明确,房地产开发企业可凭银行出具的保函,等额替换新建商品房预售资金监管账户中的监管资金。保函替换资金不得超过项目预售资金监管额度的60%。从政策执行来看,一般企业因为资金紧张才会请求银行开具上述保函,但银行出于风控而不愿意为企业开具此类保函的现象较多。后期可由政府相关部门牵头,企业和银行参与,多方共同会商如何将保函替代监管资金政策落地,真正意义上缓解企业资金压力。

3. 在土地款支付节奏上,可结合地块所处区域属性和地块素质,灵活动态设置土地款支付节点和比例,从而减轻企业拿地后的土地款支付压力

(六) 合理设定利润空间,提高城市竞争力

南京集中供地成交地块利润率在2021年第一批次考虑住宅下跌、精装修升级包、车位超配等情况下勉强可做到3%左右,大部分地块处于盈亏平衡点附近。2021年第二批次地块销售净利率恢复至5%左右,到第三批次利润率约5%—7%。2022年集中供地地块成交利润率多在8%左右。总体上来看,通过上调房价限价等方式,地块销售净利润率在逐步恢复上升。但利润率提升背后存在的问题是房价限价的上调,多数板块客户接受度不高。且同时期同能级城市的地块利润率水平较南京更高,如同为长三角省会城市的合肥市、杭州市成交价下地块净利率基本达到10%以上,起始价下销售净利率可达到15%—17%,且上述利润水平对应的房价限价在市场上客户接受度高,市场供销两旺。房地产开发企业现阶段在资金有限的情况下,理性的决策必然是将有限的资金投入兑现度高、收益高的城市和项目中去。建议可考虑如下方式,如调整房价限价、减少配建要求、明确市政管线建设责任主体、合理评估地块

起始价、适当调整溢价率上限等,合理提高出让地块的开发利润空间,提升城市投资吸引力。

(七)适当增加批次,适时错峰供地

伴随国内国际政治局势变化,经济周期步入衰退阶段,疫情防控常态持久化,各地区面临较大的经济发展压力。当前房地产市场整体缩量,土地市场热度持续下降。围绕"两集中"供地政策导向,地方政府可适当增加土地供应批次,及时根据市场行情变化调整土地供应节奏和策略。

在增加供地批次的同时,各城市可考虑采用联动供地、错峰出行的策略,避免土地出让时点过于集中,造成企业在竞买保证金和土地出让价款支付等方面资金调拨困难,从而在不同城市间被动地做出选择,进而错过某些意向地块的竞拍。此外,在同一个城市内部,要兼顾开发企业和购房者的需求,平衡各方利益,深入了解市场,不同区域之间可考虑错峰供应,如南京江北新区和主城区之间在土地供应节奏上可适当错开。同一个区域内,可考虑板块间的轮动供应,规避未来新房在短期内密集供应上市,从而造成市场库存积压,不利于土地资源的优化配置。

栖霞区生物医药产业高质量发展的现状与对策建议

栖霞区委研究室课题组、南京大学商学院指导组[①]

生物医药产业是新一轮科技革命和竞争的焦点赛道之一,被誉为"永不衰落的朝阳产业",也是我国重点发展的战略性新兴产业。近年来,栖霞板块积极响应市委、市政府关于打造新医药与生命健康产业地标行动计划的号召,发挥在生物医药领域的先发优势,瞄准新药研发生产、体外诊断试剂开发、AI+医药等优势领域,加快推动生物医药产业高质量发展,产业研发创新实力稳步增强,产业结构不断升级,政策环境日趋完善。同时也需看到,面对发展的新趋势与新形势,栖霞生物医药产业还需进一步统筹谋划、科学布局,促进产业向高附加值、高技术含量不断攀升。

一、生物医药产业发展现状

(一) 空间端:三区融合打造"创新药基地增长极"

作为南京市生物医药产业"两核三极"布局中的"创新药基地增长极",栖霞板块凭借独特的大学城创新圈、行政区孵化圈、经开区产业圈"三圈叠加"、耦合发展优势,共同构建起以江苏生命科技创新园为研发主阵地、新港生物医药科技产业园和马群街道(扬子江海陵药业)为生产主阵地的"一体两翼"产业

[①] 课题负责人:傅萍　专家指导:吴福象
本文在2022年度栖霞区"校地党校工作联盟"课题调研评奖中获一等奖。

空间布局。产业总占地面积3.69平方公里,其中,江苏生命科技创新园占地0.45平方公里,代表性企业有华威医药、恒道医药、申基医药等;新港生物医药科技产业园占地3平方公里,代表性企业有正大天晴、诺唯赞、海辰药业等;扬子江海陵药业占地0.24平方公里。

(二)规模端:环境持续优化撬动产业快速发展

充分发挥政策导向作用,陆续出台"科技创新22条"和"新医药政策20条",制定并发布《新医药与生命健康产业高质量发展栖霞区三年行动计划(2022—2024年)》,完善研发、生产、制造、市场等全产业链的布局和政策环境。实施区领导挂钩产业链制度,成立招商、企业服务、资产与债务平衡、精细化管理等四大专班,深化招才引智,强化头部企业培育,加速产业集聚,为企业提供全生命周期的专业化靶向服务。2021年栖霞板块规上生物医药企业实现营收187.73亿元,其中前10家重点企业营收106.69亿元,占生物医药规上企业营业总收入的56.83%。2021年生物医药企业共缴纳税收11.88亿元,一般公共预算收入6.22亿元。

(三)领域端:创新"引擎"驱动主流领域升级

1.化学药和生物制品企业占比超六成

调研数据显示,栖霞板块生物医药企业主要分布在化学药、生物制品、中药、医药流通4个细分领域,其中化学药企业数占比34.47%,生物制品企业数占比30.75%,两者合计超65%。医药流通领域占比22.05%,中药占比12.73%。(图1)

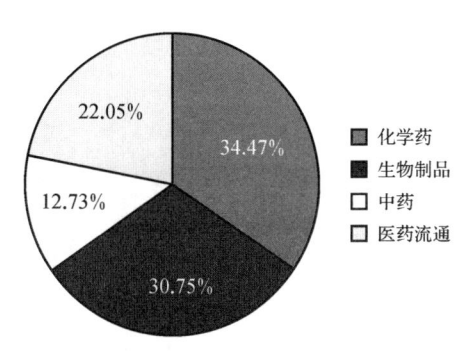

图1 栖霞区生物医药产业企业分布

2. 化学药贡献半数主营业务收入

从主营业务收入来看,化学药处于绝对领先地位,2019年、2020年营收均超过生物医药产业总营收的一半,2021年营收占比47.87%。同时,中药在疫情救治和防护方面被广泛应用,为满足疫情期间市场需求,中药企业主营业务市场占比有一定提高;诺唯赞、申基等生物试剂企业研发的体外诊断试剂受到市场的高度认可,生物制品企业营收呈上升趋势。(图2)

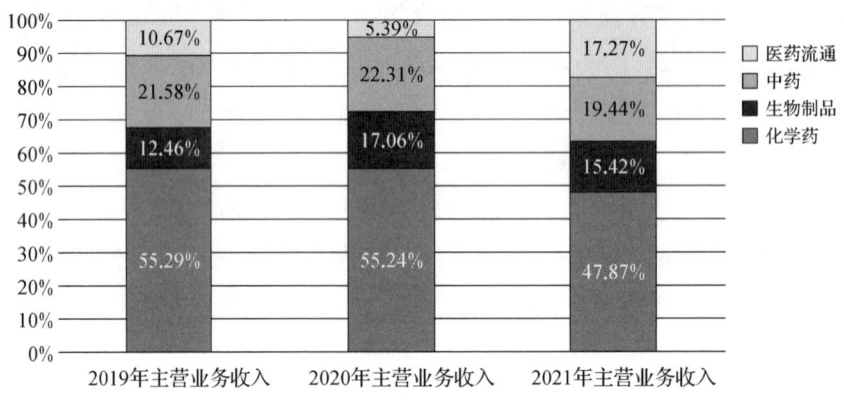

图2 2019—2021年栖霞区生物医药产业主营业务收入

3. 新药研发创新有力支撑化学药发展

调研数据显示,栖霞区化学药企业以新药研发为主,创新药、改良型新药和CRO/CDMO企业数量占比合计达到了56.02%,从业人员数量占比合计达到了49.81%,主营业务收入占比合计达到了49.92%(其中创新药企业贡献近三分之一)。(图3)代表性企业有正大天晴、海陵药业、海辰药业、圣和药业等。

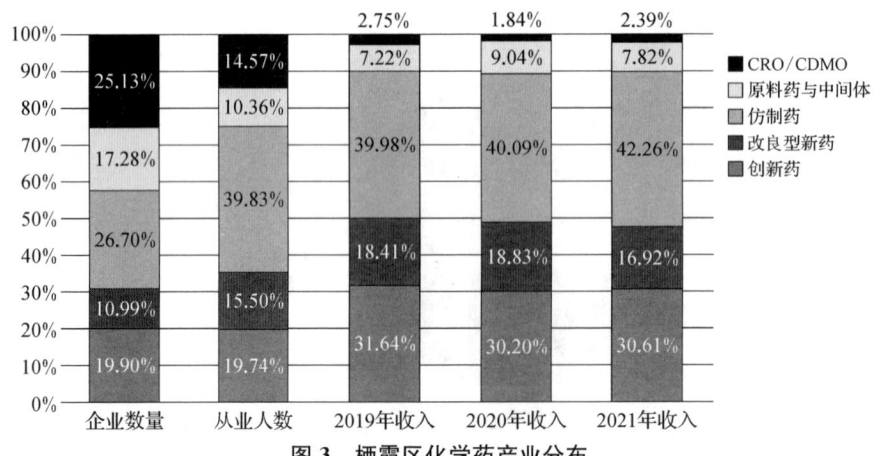

图3 栖霞区化学药产业分布

二、生物医药产业发展优势

(一) 产业基础牢固

栖霞板块凭借"三圈叠加"优势,依托两大主要产业园,拥有较为厚实的药物研发生产、医疗器械制造等产业基础。截至 2021 年年底,板块内共有生物医药企业 930 家(行政区 811 家、经开区 119 家),其中龙头企业 10 家,高新技术企业 87 家,科技型中小企业 146 家。2021 年高企营收 137.63 亿元,占生物医药产业比重的 73.29%,营收同比增长 19%。海陵药业、正大天晴、诺唯赞、海辰药业等龙头企业发展势头强劲,申基医药等后起之秀高速崛起,南京圣和、南京优科分别入选 2020 年和 2021 年中国化药百强,金陵药业、南京圣和分别入选 2020 年和 2021 年中国中药百强,华威医药入选 CRO 前 20 强。南京经开区入选 2020 年全国生物医药园区综合排名 50 强。

(二) 研发实力凸显

科教资源富集。板块内共有 6 所高校设置新医药与生命健康相关专业,分别为南京大学、南京师范大学、南京中医药大学、南京财经大学、南京邮电大学、南京工业职业技术大学,相关在校生约 3.5 万人,科教资源丰富,高校科研院所和科技人才众多。创新平台丰富。栖霞集聚生物医药领域各类平台 119 家,其中国家级 8 家、省级 48 家、市级 61 家,在产业相关领域具有较强的基础科研、成果转化实力。创新生态优良。打造人才"引育留用"链条,以科技镇长团为联系纽带,以人才企业大走访行动为契机,以政策红利为吸引,推动人才集聚与产业发展同频共振、深度融合。打通科技成果转化最后一公里,建立"霞科行"栖霞区技术转移市场,覆盖评估、发布、查询、撮合、交易、路演、中介、金融服务等多项功能,促进更多研发成果落地见效。强化企业技术创新主体地位,建立健全奖补机制,落实研发费用加计扣除等优惠政策,鼓励企业积极自主开展研发活动。2021 年栖霞板块生物医药规上企业研发费用 17.05 亿元,占营收比重 9.08%;生物医药高企研发投入 19.18 亿元,占营收比重 13.94%。

(三) 占据风口地位

市场需求增加。疫情背景下,"新冠"试剂检测产品成为生物制剂企业的主要业绩增长点。重点培植南京诺唯赞生物科技股份有限公司等一批生物制剂企业,疫情期间加大帮扶力度,协助企业对接资质审批,打开海外市场,提前踩准"风口"。2022年,诺唯赞、申基两家企业的抗原检测产品先后获国家药监局批准在国内上市,包揽江苏省获批新冠抗原检测产品注册证的第一和第二家。南京诺唯赞生物科技股份有限公司成为南京科创板生物产业板块市值最高的企业。政策利好不断。"十四五"期间,国家、江苏省、南京市相继出台了一系列支持措施,生物医药产业在战略地位上日渐提升。国家发改委发布的《"十四五"生物经济发展规划》将"生物产业"提升为"生物经济";工信部等部门联合发布《"十四五"医药工业发展规划》,增长目标设定为营业收入、利润总额年均增速保持在8%以上;《省政府关于推动生物医药产业高质量发展的意见》提出,要把省内的生物医药产业集群打造成为在全球都有影响力的产业地标名片。南京市委、市政府将新医药与生命健康产业作为全市重点发展的八大产业链之一,先后出台《南京市打造新医药与生命健康产业地标行动计划》《南京市生物医药创新产品推广应用实施办法(试行)》等政策,将生物医药产业作为未来经济发展重点进行培育。

三、生物医药产业发展瓶颈

(一) 规划引领有待加强

根据《南京市"十四五"生物医药产业发展规划》,江北打造基因与细胞治疗中心,江宁打造生物医药创新中心,高淳打造医械产业化基地增长极,栖霞区联动经开区打造创新药基地增长极。栖霞板块发布的生物医药产业三年行动计划,进一步明确了聚焦打造创新药研制高地的目标,以此与江北、江宁及高淳形成错位发展态势。但从园区自身发展来看,规划定位还需精准、精细,要进一步围绕区域发展总体方向加强谋篇布局,打造特色产业承载园区;聚焦产业链发展,增强产业间、企业间联系,提升产业体系的协调性;深化园区功能的系统研究,加快公共资源综合配套建设,不断优化营商环境。

(二)龙头企业和全产业链培育有待加强

龙头企业在提升生产效率、加快产业集聚、推动集群发展中发挥着非常重要的作用。尤其在生物医药领域,龙头企业能够通过其技术、创新、人才和平台等优势地位,扩大在原料药、制剂、生物制品和医疗器械等行业领域的议价空间,实现产业集群集聚发展。截至2021年年底,栖霞板块内共有106家生物医药规上企业,但龙头企业数量偏少,相比上海、苏州等先进地区不断涌现龙头企业,还有较大提升空间。同时,生物医药产业从基础研发到生产制造有一个很长的链条,目前板块内高校及科研院所产出的优质创新成果,本地转化率不高,板块内部未能构建完整的"研发+临床+制造+应用"全产业链条。

(三)人才队伍建设有待加强

生物医药产业是技术密集型产业,其发展需要有较强的高精尖研发型人才和复合型人才储备,随着疫情防控进入常态化,行业人才需求更是呈现井喷式增长。栖霞板块尽管"上游"汇集了众多高校及科研院所,但难以辐射到"中端"研发环节和"终端"产业环节。从生物医药企业所需的技术人才方向看,从企业内部培养"积淀型"人才,需要一定的成长周期,人才供给跟不上迅速扩大的产业规模;"海归"高端人才每年总量有限,且被北上广深等传统产业高地和苏州、武汉等快速崛起的新秀地区争夺;从高校和研究机构毕业的"新生代"人才,虽绝对数量不少,但资历与经验稍弱,难以满足企业实际研发需求。

(四)金融资金扶持有待加强

生物医药产业具有高投入、长周期、高风险、高附加值等特征,持续大量的资金投入是产业壮大和发展的必要条件。政府对产业的政策扶持,一般以专项基金或引导基金形式存在,目前国内生物医药领域的引导基金以地市、区县级基金为主。区县级基金多采用委托市场化机构管理的形式,其核心使命是通过返投拉动当地经济,因此在投资方向上更偏向相对成熟、稳定回报的企业,对于试错成本较高的生物医药产业投资积极性不高。此外,区县级引导基金的数量和规模也难以与地市级基金相较。以栖霞板块为例,尽管已计划在未来3至5年集聚100亿元产业投资基金,用以支持生物医药、环保等科技类企业发展,但对比上海市政府主导的上海生物医药基金总规模500亿元,首期募资近100亿元,山东省烟台市设立的"烟台生物医药健康产业发展母基金"总规模500亿元,区县级与地市级投资强度差距明显。

四、生物医药产业加速发展的对策建议

(一)注重顶层设计,合理规划布局

紧扣南京市打造国内领先、全球特色的生物医药创新重镇发展方向,立足栖霞板块"三区融合"基础,绘制生物医药产业发展蓝图。精准定位。根据前期调研,栖霞板块2020年1月至2021年9月间,获批新药Ⅰ期临床试验项目16个,在临床研究阶段的新药研发项目30多个,已完成药物Ⅲ期临床试验的4个,创新药进入研发收获期。下一步将紧紧围绕全区产业定位进行精准布局,聚焦政策、规划、产业谋划招引项目,抓好项目落地、开工、竣工细化保障,打造产业独特优势。强化联动。进一步树牢大局意识,依托工业经济工作专班,优化工作模式,以助企走访为契机,"一企一策"提供靶向扶持,为有需要的企业匹配、对接合适空间和政策资源,实现优质项目在区域内的有序流动、无缝衔接,梯度打造优质产业集群。纵深发展。在以国内大循环为主体、国内国际双循环相互促进的国家战略指导下,未来生物医药产业链将向区域整合和纵深发展方向转变。需进一步开展产业链强链补链行动,依据产业图谱梳理产业链上下游配套情况,针对性固强补弱,提升全产业链"抗压能力"和发展韧性,增强产业链、供应链自主可控水平。

(二)注重"引育并举",健全产业链条

争取重大平台。进一步整合产业链内公共设施管理和服务平台,打造补资源、促转化、有影响的区域产业链企业公共服务中心,并探索为板块内企业提供免费服务,减轻企业负担和用人成本。积极争取市级层面支持,布局国家级重大科技创新平台,强化产业研究基础和载体支撑。培育链主企业。针对生物医药产业链特点,结合南京市"链主企业梯次培育计划",建立定量定性相结合的遴选标准体系,形成链主企业示范库、培育库、候选库。同时,梳理有潜力成为链主的本地企业,通过高校科研资源对接以及相关政策扶持等方式,助力企业实现技术突破,加快向产业链核心和价值链高端跃升。促进全产业链

发展。聚焦创新药物、高质量仿制药、高端医疗器械等领域,瞄准标杆型企业开展龙头招商,吸引一批创新能力强、产业层次高、带动潜力足的优质项目。围绕六大医学高校,以"学+研"为中心,以"校地"共建为方式,改变传统"出租型"园区发展模式,高校与政府共同打造以创新策源为特色的生物医药产业集群。对标国内外先进模式,梳理创新研发、临床运营、项目管理、市场合作、销售队伍等关键环节,进一步完善产业结构,全力构建更具竞争力、带动力和辐射力的产业链条。

(三)注重综合施策,释放人才红利

强化"引入"政策。制定与国际接轨的生物医药专项引才计划,建立高端人才信息库,在入境、购房、医疗、子女入学等政策上对高端人才予以倾斜,提高补贴标准,创新服务机制,完善政策体系,优化生物医药高端人才供应链。创新"交流"机制。栖霞高校和科研院所在生物医药领域有一批业内知名专家,这是打造国内一流生物医药产业的核心竞争力,进一步完善"政府—专家—企业"的交流机制,通畅专家资政渠道,创造良好沟通氛围,建立研究者与企业的公平沟通交流平台,打通成果转化的营商壁垒。加强"校企"合作。注重全周期培养企业生产管理人才,支持校企共建产教融合实训基地,把产业要求、行业需求、企业诉求嵌入人才培养方案,学校开展理论教学,企业提供实训平台,校企共同开展实践教学评价,完善实习就业机制。搭建"共享"平台。成立生物医药人才服务联盟,在高端人才信息库的基础上,搭建生物医药人才服务共享平台,积极探索共享用工、联合用工机制,完善市场化一体化用工机制,促进生物医药人才的合理有序流动,充分释放人才创新创造活力。

(四)注重政府引导,降低融资门槛

建立资本与技术沟通平台。生物医药产业投入大、周期长,资本与技术脱节的情况下,融资难度大大增加。搭建有效沟通平台,组织业内专家对相关待转化、待融资的项目进行评估,并将评估结果对资本公开,以有效衔接技术与资本,打破融资壁垒,为企业融资创造良好环境。提高政府创投基金的灵活度。充分发挥政策引导作用,重点提高政府创投引导基金在生物医药领域的出资比例、规模及让利幅度,引导民间资本积极参与融资活动。引入一定的容错机制与标准,鼓励政府资本参与长周期投资,扩大融资总规模。对技术的资

本化和股权化给予税收优惠。推动优质的生物医药及医疗产品尽快纳入医保,通过扩大产品市场规模拓宽融资渠道。设立产业专业基金。借鉴上海、烟台等先进地区的经验,进一步推动强化市级层面引导力量,由政府出资或参股设立生物医药产业投资基金,以国有创投企业、医药类国企和民营企业等为发起人,创新设立独立的基金管理公司,以委托管理的方式,进行专业化的运作和管理,并探索基金评估方式、退出机制、团队激励等方面的创新,建立健全特色产业基金群。引入新型"政银"风险分担模式。借鉴安徽、湖北等地推出的"4231"新型政银担合作模式,探索建立"政银"风险分担模式,由担保机构、省级再担保机构、银行业金融机构、地方政府签订合作协议,建立健全完善的融资担保风险分担机制,明确风险分担比例及各自职责,通过减轻担保公司的"后顾之忧",降低生物医药领域中小微企业融资门槛,提升产业发展后劲,促进栖霞板块生物医药产业从"跟跑"转为"并跑"甚至"领跑",为南京打造国内领先、世界一流的新医药与生命健康产业城扛起栖霞担当。

关于栖霞区金融业发展的几点思考

栖霞区人大办课题组、南京师范大学商学院指导组[①]

近几年,栖霞区金融业发展迅速,呈现出增长快、质量高、贡献大等特点,在助推企业上市、增加财税来源、优化金融环境等方面成效显著。截至2021年年底,栖霞区已集聚一级支行23家、保险机构1家、券商3家、基金17家,担保、小贷、典当等类金融机构28家,金融及类金融机构总数较去年同比增长近20%;现已扶持境内外主板上市企业17家,新三板挂牌15家,省证监局备案企业8家,区域股权交易市场挂牌企业90家;2021年全区金融业为财政贡献总收入53 367.39万元,实现一般公共预算收入29 058.44万元,同比增长30.63%。但无论是与传统金融大区鼓楼,还是与新兴金融新城建邺相比,仍存在发展不够、结构不优、赋能不强等问题。2021年,建邺、栖霞一般公共预算收入分别为161.66亿元和151.76亿元,建邺首次实现对栖霞超越,首因在于金融业的爆发增长。去年建邺金融产业一般公共预算收入占全区收入比重近50%,而栖霞区比重仅约6%。从栖霞区三业并存、制造业大区的定位归属,以及非属南京市"十四五"金融业发展"一核两翼"规划布局来看,在现阶段经济下行、需求减弱、财政紧缩下的栖霞区金融业发展,不可能沿袭鼓楼大手笔投入的金融发展老路,以及建邺大规模开发打造CBD金融城的模式,而应当立足区情实际,以"好规划、抓重点、塑特色"的发展理念导入,实施高效化、差异化、特色化发展,做好稳企纾困、金融赋能,为中小微企业融资贷款"雪中送

[①] 课题负责人:王伟　专家指导:陶士贵
本文在2022年度栖霞区"校地党校工作联盟"课题调研评奖中获一等奖。

炭",帮助科技企业产融对接"脱胎换骨",使未来金融业在区域经济发展、产业转型升级等方面释放更多能量。

一、政策赋能,跟踪金融纾困措施在栖霞落地

2022年以来,受复杂多变的外部形势挤压、经济同比下行,国内疫情反复,特别是受2022年3月上海疫情波及等因素影响,与2021年4月同期相比,国内很多城市财政收入出现断崖式下跌,杭州对比上年同期下滑37%,深圳44%,苏州49.6%,南京直接"腰斩",下滑54.9%。同样,4月份金融和社融数据也非常不乐观,三项经济数据所反映出的经济严峻形势甚至超过了2008年。在关注宏观数据的同时,更应关注微观群体。作为我国实体经济"毛细血管"和贡献80%就业岗位的中小微企业及个体工商户面临经营难、融资难、用工难等突出问题,企业活跃度下降、青年失业率上升等尤其需要关注。5月23—25日,国务院、央行、银保监会接连召开稳定经济发展和扶持中小微企业重磅会议,明确各地5月底前须就6方面33条稳经济一揽子政策措施出台可操作的实施细则,应出尽出。这些政策并非一蹴而就的仙丹,只是工具。经济具有周期性、延续性特征,一旦按下暂停键,很难迅速爬升到原有高度,实现救市既要靠上级政策端发力,更要靠基层在工作落实端发力。

(一) 梳理政策,提高知晓度

目前,一些金融扶持政策散见于国家陆续推出的"减税降费""六稳、六保""统一大市场""保物流""降低企业成本""稳就业"等政策中,包括省"苏政40条""助企纾困22条政策"、市"助企纾困20项举措"等各级出台的"块块"类综合性救市政策。还有一些是银行业金融系统领域国有银行和商业银行推出的多样化、特色化"条条"类的政策工具。比如,江苏中行4月推出4 000亿元信贷计划,分别向制造业、物流、餐饮、小微企业及农业等不同市场主体适配相应的纾困专项贷款额度。这些"条条""块块"不同行业、不同类型的政策出台密集,种类多样,急需相关部门全面梳理、提取归类,为企业送上一份栖霞惠企金融政策"大礼包",并借助媒体、官网、公众号等线上政务平台和宣讲培训、入企走访等线下方式拓宽政策宣贯渠道,切实提升市场主体享受政策的知晓度、便利性和获得感。

(二)分析供需,提高对接度

2022年上半年,六合区地方金融监管局推出"六合融资服务码",扫码即可详细了解全区21家金融机构产品,选择产品后相关部门"码"上对接。栖霞区可借鉴六合经验,推动企业由被动式接受政策推送向主动式"选择＋点单"的模式转变,让企业既能当"买家"也能做"卖家",帮助金融机构与企业精准对接,满足企业多元化、个性化融资需求。与此同时,相关部门还需密切关注上级政策发布,尤其加强对国务院33条稳经济措施以及省市相关配套政策的解读,确保政策一出台,第一时间精准直达企业。主动与条口上级部门对接汇报,及时制定工作方案和实施细则,健全直达资金管理机制,加快政策兑现速度,确保政策"合胃口""见效快"。

(三)精准服务,提高适配度

4月以来,金融"环境"逐步松动,刺激救市、让利于企等系列政策加持下银行资金充裕,然而无论国有银行还是商业银行都同样面临企业信贷需求萎缩的现实问题。从不同银行贷款投放情况看,商业银行因存在追求资金安全和经济效益等方面顾虑,更倾向于贷款给政府类的城建投资平台,不愿贷给经营状况差或存在投资风险的企业;国有银行讲政治、顾大局且承担一定的社会责任,在金融政策落实效果上往往要好于商业银行。从企业不同需求看,一部分正常经营的企业有资金信贷需求,但也有相当一部分陷入现金流危机的企业因对未来不确定性产生担忧,宁可裁员、降薪、躺平求稳,不想承担风险,不敢贷款、不愿贷款。相关部门急需从不同行业特点出发,把握企业不同阶段融资需求,打通企业产业链上下游堵点,制定"一行一方案、一链一方案、一企一方案",通过"对症下药",真正让企业"敢贷、愿贷、能贷、会贷"。

二、规划赋能,重视产融结合对产业提升的撬动作用

产业要发展,规划须先行。近年来,北京、深圳等头部城市纷纷出台"十四五"金融业发展规划纲要,明确了"十四五"时期金融业的发展方向和具体要求。南京市"十四五"金融业发展规划也提出要把南京建设成为东部重要金融中心。栖霞与鼓楼、秦淮等兄弟区相比,存在单位空间金融集聚度不高、辐射

效应不强等问题。从金融业功能布局、层级结构看,栖霞区现有金融机构难以满足未来发展需要,急需相关部门加紧完善符合栖霞区定位且能够融入全市整体战略布局的金融业发展顶层设计。尽管有不足,但近两年随着栖霞区"三业并兴、三区融合"等优势效应不断放大,人口规模快速扩增,城市更新加速蝶变,产业结构加快升级,为金融业发展提供了广阔的地理空间和产业空间,并带动形成了当前的栖霞区金融产业布局。如何在巩固现有基础上,进一步扩量增质提级,为未来积蓄更多发展动能,需要我们放眼长远,系统谋划好新时期下栖霞金融业的发展路径。

(一)做好栖霞区金融业发展规划

栖霞的金融产业规划要在省市金融大战略中找定位,要在规划制定实施过程中,做好与《南京市"十四五"金融业发展规划》《健全科创金融生态体系行动计划》《关于加快构建现代金融产业体系建设重要金融中心的若干意见》《南京市支持企业利用资本市场融资实施细则》和征求意见中的《江苏省地方金融条例(草案)》的衔接工作,确保科学性与针对性。立足栖霞区产业特征和资源禀赋,围绕区委、区政府各项重大战略部署,结合栖霞区"十四五"规划战略性新兴产业和主导产业,打造以仙林为区域金融总部中心,燕子矶新城、尧化、马群等区域为配套扩大辐射范围,积极设立政府引导基金、知名券商投行、优质私募股权管理机构参与栖霞区各类基金的组建,招引商业保理、融资租赁公司等类金融机构落户,规划形成满足栖霞区先进制造业、进出口贸易等企业多层次、多元化不同需求的金融要素。

(二)以发展科技金融为重点

要充分释放创投、风投在项目招引上的动能。目前,国内最牛风投城市合肥,十余年来,从京东方到长鑫存储、蔚来汽车,合肥以政府主导融资为重要砝码,引入产业链核心企业,不仅从项目本身获得可观回报,更带动相关产业超常规发展。栖霞区大部分非上市企业的金融意识还不强,虽懂得通过贷款解决资金需求,但缺乏资本运作理念,缺少资本运营、计划实操的经验。此外,相关部门提供的金融服务仍停留在资金助困基础阶段,缺乏资本赋能的长期战略眼光,在运用科技金融延伸服务至企业上市、上市企业不同阶段的能力上存在不足。与栖霞区一直有合作的金茂资本,已成功扶持28家企业上市。这给了我们很好的工作借鉴,即通过合作借助资本逐利的灵敏嗅觉和专业眼光,帮助解决目前招商引资中前沿项目看不准、一般项目看不上的问题;还可建立由政府设立引导基金,专业基金管理人参与运营的模式,借助其经验、能力和资源优势,带动社会资本投资栖霞区人工智能、生物医药、软件和信息服务等有区域影响力和发展潜力的战略性新兴产业项目,让金融赋能的杠杆效应和乘数效应持续释放。

(三)打造生物医药特色产业地标

目前南京的新型项目主要集中在江北,TMT项目主要在雨花,新材料高端制造在江宁。在新兴产业方面,栖霞的人工智能和生物医药两个产业尽管在南京已初具规模和影响力,但品牌效应和产业地标作用发挥还明显不够。栖霞已有370家药企,数量占到南京一半以上,拥有70亿销售规模,单从产业量级是人工智能的7倍,因此从区域角度看,生物医药产业短时间更具潜力。可发挥栖霞三区资源禀赋优势,形成前端以大学城为核心的新药研发;中间端以生物医药园区为孵化器,提供熟悉产业链不同企业间关系的专业招商团队,了解企业不同阶段需求的专业服务,从天使投资到股改搭建直到扶持上市的专业投资基金;后端以经开区为生产制造平台的创新合作新模式。进一步加快构建"基础研究+技术攻关+成果产业化+生产销售"兼具上下游的完整产业链,打造"栖霞研发栖霞造"的生物医药新地标。

三、平台赋能,用好金融协会等各类机构带来的综合资源

栖霞因地域特点临江临港紧靠国家级经济开发区,其中以跨境业务为主的外贸企业,具有资金回笼慢、库存压力大、融资需求高等特点,加之受全球疫情反复、国际金融市场波动等因素影响,发展面临较大压力。比如,栖霞诺唯赞生物科技公司作为江苏唯一一家生产新冠病毒抗原检测试剂的生物科技企业,自2021年以来,公司海外订单不断增加,但由于海内外资金兑换系统不兼容导致资金回笼慢,极大影响了企业生产和发货的效率。区金融协会为帮助企业解决难题主动对接联络中国银行,通过金融科技手段帮助企业搭建了一套全球资金可视化系统,改进了资金结算方式,提高了企业运营效率。由此可见,无论是外贸企业还是制造业、服务业、农业等实体经济市场主体抑或是规

划赋能的新兴产业,都迫切需要用好政策、用活平台。

(一)用好省级金融服务平台

目前,区金融局推出"紫金快贷"等创新金融产品,已帮助区内18家小微企业获得2 310万元贷款,但与栖霞区庞大的中小微企业基数相比,无论是覆盖面还是金融产品种类都还无法满足企业实际需要,急需扩能升级。近两年,通过尝试使用江苏省综合金融服务平台取得初步收获,截至8月,全区已有4 594家企业接入该平台,企业累计发布3 219项需求,共获得2 382笔授信,授信总额达78.68亿元,但就目前平台已接入企业数来看,栖霞区与鼓楼21 659家、江宁14 311家相比,企业接入平台绝对占比还较低,获授信率仅73.9%,且仍有部分企业未曾发布过需求,平台运用还不够充分。建议继续发挥好平台三大优势,在提高企业接入率、对接匹配率、融资成功率等方面下足功夫。一是"一张网"覆盖,连通服企平台。用好平台"覆盖广、机构全、产品多"(覆盖省内13市,接入233家金融机构,推出2 849项金融产品)等优势,加大宣传推广力度,不断提高栖霞区企业平台注册登记率,做到该平台对区内企业,特别是中小微企业的全覆盖。二是"一键式"对接,畅通融资渠道。借助平台融资服务灵活高效的特点,可组织企业就选择所需担保方式、业务类型、专属产品,筛选适配政策及发布个性化需求等开展线下培训,或制作案例演示短视频线上"一键"定向推送企业,降低企业沟通成本,使企业迅速了解平台功能、掌握使用技巧,实现供需对接最快、融资周期最短、政策匹配最优。三是"一次性"查询,打通信息壁垒。依托平台可"一次性"免费查询企业征信信息和社会信用信息的公益属性,引导企业通过平台线上申贷,提升企业征信、信用等融资服务基础支撑能力,有效破解中小微企业融资难题。还可借助平台大数据筛选一批"信用好、前景广"的专精特新企业,建立投资担保白名单,降低金融机构投贷风险,加大新兴企业培育力度,实现政银企三方风险共担、收益共享。

(二)充分挖掘金融协会资源

栖霞区金融协会自2019年成立以来,已聚集会员单位23家,通过紧密联系银行、保险、证券、投行及区内优质企业,在政府与金融机构、企业之间发挥了"桥梁纽带"作用,但会员间协同合作意识还不够强,企业活跃度还不够高,资金、资本、资源综合利用程度还不充分等问题依然存在,在加深行业合作、共享信息资源、服务实体经济等方面还有更大的拓展空间。一是协会服务要有温度。浙江民营经济为什么活跃,重要的一条在于浙江商会服务水平高、质量好,使会员能够"抱团取暖",产生"1+1＞2"的效果。栖霞区金融协会正是借鉴浙江商会的成功经验,创新打造"协会＋银团"模式,在加强银行协作、促进企业融资等方面起到了一定的效果。如,2020年疫情期间,协会组织驻区19家银行以"银团"的模式,为区域内数十家疫情防控重点保障企业和民营企业提供了近10亿元的金融服务,缓解了企业燃眉之急,展现了协会的情怀与温度。这其中,协会的及时介入、精准服务发挥了关键作用。下一步,协会可在强化自律意识、优化资源配置、做好组织协调、净化金融环境等方面不断提升服务会员的能力和水平。通过科学预判金融风险,精准对接不同企业、不同阶段金融服务需求,让会员更能感受到协会的归属感。二是成员互动要有深度。金融协会的活力在于互动频次越高,资源配置越优。栖霞区金融协会成员中银行占比突出(23家单位中21家成员为银行),是协会贡献财税的中坚力量。银行作为协会领头羊,起到了"横比竖看,比贡献、比作为"的正向激励作用。此外,协会互动产生的资源叠加效应,补充了行政力量管理金融行业资源受限、平台不多的短板。2019年栖霞区在紫金山庄举办了一场金融高端论坛,汇集300多位金融界精英共话栖霞发展,充分体现了金融协会推动金融行业发展的优越性,使论坛规格更高端、人才更集聚、内涵更专业、影响更深远,这给我们发挥协会综合优势拓展了工作空间,也提供了启示。为充分释放协会活力和发挥金融业人大代表作用,可定期组织协会成员开展跨行业信息交流共享,就市场主体面临的共性问题商讨对策。组建金融类企业代表小组,不定期召开专业代表联席会,重点研究和推动解决企业融资难题。三是助企纾困要有力度。2020年疫情期间,在全国口罩短缺的背景下,协会会员中行通过企业驻海外机构辗转驰援了栖霞区一大批口罩,为栖霞区战胜疫情、企业复工复产贡献力量。由此可见,充分释放会员活力,有助于扩大延伸金融协会资源优势,在帮助企业纾困解难方面还可以有更大作为。可进一步规范栖霞区金融行业秩序,不断增强服务意识,立足服务实体经济本职,鼓励支持优质企业通过发行股票、发行债券等直接融资方式加快发展步伐,借助信用信息共享平台为中小微企业提供更多信贷支持,积极参加政府引导类创投基金和产业基金,为科技创新类项目提供创业孵化器、资本经营和投资管理等多层次、多样化的金融支撑。

（三）拓展延伸"银行＋"服务功能

建行作为栖霞区金融协会会长单位，2021年纳税额7 000万元，排名区内金融机构第一。除了财税贡献突出，建行高度关注栖霞发展，主动融入栖霞区重大项目、产业升级、城市更新等战略布局，并在普惠金融、住房租赁、金融科技等金融产品创新方面成效显著。其他金融机构也各有专业优势，有不同类型的服务产品。栖霞区共有9个街道，其中西岗、八卦洲、龙潭等三家街道涉农，有不少新型农业经营主体存在融资难、融资贵的问题，以迈皋桥、马群、尧化、栖霞等四家留有城乡接合部为代表的街道急需资金推动城市更新，还有作为栖霞"形象担当"的仙林和燕子矶，在金融产业布局和优质项目招引等方面有更高需求。可考虑加强与区内银行的沟通合作，充分发挥银行现有服务平台的延展功能。一是做实普惠金融，发挥紫金农商银行在栖霞区"规模大、网点多、重农业"等优势，持续用好"紫金快贷""金陵惠农贷"等信贷产品服务三农，助力乡村振兴。借助建行"云税贷""云电贷"等大数据平台，利用大数据给企业授信，解决中小企业融资难、融资贵的问题。二是做好服务配套，重点在租房端发力，推动"筑巢引凤"和保障民生在栖霞落地实施。用高品质、价格优的长租公寓（如栖霞高新区人才公寓）吸引大学毕业生、创业创新类人才等高端净值人群，为栖霞未来发展积蓄力量。为外卖小哥、环卫工人等政府重点关注的弱势群体提供配套全、租金低的保障性住房，践行社会责任，解决民生痛点。三是做精科技便民，借助建行在尧林仙居试点智慧小区的成功经验，推动建行在垃圾分类、人脸识别、体温检测等方面持续为政府提供最优解决方案，让金融科技更好赋能社会治理。四是做深政银合作，构建政府与建行合翼产业基金协同投资区域老旧小区出新、棚户区改造等城市更新项目的模式，进一步改善人居环境，提升城市形象。创新与建行联合招商模式，通过"建融智合"企业大数据平台发布招商信息，了解企业实际经营状况，帮助政府降低投资风险。

栖霞区生物医药产业研究报告

栖霞区科技局课题组、南京中医药大学药学院指导组[①]

近年来,全球及我国生物医药产业进入新一轮快速发展期。栖霞区抢抓机遇,制定并发布《新医药与生命健康产业高质量发展栖霞区三年行动计划(2022—2024年)》,行政区、南京经开区、仙林大学城"三区一体",江苏生命科技创新园、南京新港生物医药园两大产业园高度集群,形成"一体两翼"发展格局,目标打造成为全国知名的生物医药产业创新药物研制高地。

全区共有930家生物医药企业,其中规上企业106家;建有生物医药领域高校重点实验室、公共技术服务平台、"三站三中心"等各类产业创新平台119家。南大、南中医等高等院所集聚,扬子江海陵、正大天晴等龙头企业发展势头强劲,诺唯赞生物等后起之秀高速崛起,南京优科连续4年入选中国化药企业百强,南京圣和入选2021年中国化药研发实力百强、中国药品研发综合实力百强、中国中药百强,金陵药业入选2020年中国中药研发实力50强,华威医药入选CRO前20榜。南京经开区连续2年入选全国生物医药园区综合排名50强。

一、栖霞区生物医药产业发展现状

生物医药产业是栖霞区主导产业之一。截至2022年年底,全区共有生物医药企业930家,其中包括药品生产企业111家、医药研发企业289家、科技

[①] 课题负责人:陆俊　专家指导:朱静
本文在2022年度栖霞区"校地党校工作联盟"课题调研评奖中获一等奖。

服务类企业162家，流通及其他类企业368家。这些企业中共有规上企业106家，高新技术企业101家，主板上市企业3家，新三板挂牌企业2家，已上市产品涉及化药、中成药、生物药、医疗器械等。

(一) 企业基本情况

1. 药品生产企业

区内共有正大天晴制药、扬子江药业海陵、圣和药业、康缘阳光等111家药品生产类企业。持有MAH药品上市许可持有人的企业共有17家。下表为10家药品生产企业代表。

表1 药品生产企业代表

序号	企业名称	产品方向	所属区
1	南京正大天晴制药有限公司	心脑血管、肿瘤、外科、麻醉、抗感染	经开区
2	扬子江药业集团南京海陵药业有限公司	化学药物、中成药的研发、生产和销售以及医疗器械的开发	行政区
3	南京圣和药业股份有限公司	抗肿瘤、抗感染、营养类、消化系统	经开区
4	南京新百药业有限公司	骨科、妇科、肝科、糖尿病、抗凝止血	经开区
5	金陵药业股份有限公司	心脑血管	经开区
6	南京海辰药业股份有限公司	心脑血管、内分泌、消化、抗感染	经开区
7	江苏康缘阳光药业有限公司	骨伤、心脑血管	经开区
8	南京白敬宇制药有限责任公司	麻醉药、避孕药	经开区
9	南京中山制药有限公司	骨科、消化、妇儿用药	经开区
10	南京优科制药有限公司	抗感染	经开区

2. 医药研发企业

区内共有诺唯赞、开元医药、华威医药、生命能、颐兰贝等289家医药研发企业。下表为10家医药研发企业代表。

表2 医药研发企业代表

序号	企业名称	产品方向	所属区
1	南京诺唯赞生物科技股份有限公司	酶、抗原、抗体等功能性蛋白及高分子有机材料	经开区

(续表)

序号	企业名称	产品方向	所属区
2	江苏开元医药有限公司	原料药与中间体,注射、护理和防护器械,妇产科/辅助生殖/避孕器械	行政区
3	南京华威医药科技集团有限公司	手性合成、缓控释技术、靶向给药系统、新分子药物筛选	行政区
4	南京生命能科技开发有限公司	新药产品研制开发、技术服务、全球产品注册和专业化市场推广	经开区
5	南京颐兰贝生物科技有限责任公司	生化诊断	行政区
6	南京红杉生物科技有限公司	非天然氨基酸及其衍生物、手性医药中间体等一系列产品的研发、生产和销售	行政区
7	南京恒道医药科技股份有限公司	中药、化学药、保健品、食品、医疗器械等研发、技术转让、技术服务、注册报批咨询的专业 CRO 及 MAH 持有人转化平台建设者和药品、器械 MAH 持有人	行政区
8	南京汉欣医药科技有限公司	生物药、多肽药、生化药和化学药,涵盖多种疾病领域:儿科、内分泌、急救、局麻、血液科、呼吸科、骨科等	行政区
9	南京佰麦生物技术有限公司	仿制药,CRO/CDMO	行政区
10	南京捷科生物科技有限公司	微型创手术工具与相关手术设备	行政区

3. 科技服务类企业

区内共有礼华生物、吉诺思美、中科拜尔、雷越医疗等162家科技服务类企业。下表为4家企业代表。

表3 科技服务类企业代表

序号	企业名称	产品方向	所属区
1	江苏礼华生物技术有限公司	I-IV临床试验、医学服务、项目管理服务、研发立项咨询服务、数据管理及统计服务	行政区
2	南京吉诺思美医学检验所有限公司	核酸检测	经开区
3	南京雷越医疗技术有限公司	核酸检测	行政区
4	南京中科拜尔医学技术有限公司	分子诊断试剂及仪器设备的研发	经开区

4. 药品流通及其他类企业

包括国药控股文德医药、华润南京医药、江苏省科学器材、三诺医药、国药控股南京医学检验有限公司等在内368家。下表为10家企业代表。

表4 药品流通及其他类主要代表企业

序号	企业名称	产品方向	所属区
1	国药控股文德医药南京有限公司	医疗用品及器材批发	行政区
2	华润南京医药有限公司	医药及医疗器械批发	行政区
3	江苏省科学器材有限公司	医疗设备及器械批发	行政区
4	南京三诺医药科技有限公司	医药商品批发	行政区
5	国药控股南京医学检验有限公司	医疗用品及器材批发	行政区
6	江苏康嘉医药有限公司	药品批发	行政区
7	南京嘉恒医药有限公司	药品批发	行政区
8	联环(南京)医疗科技有限公司	医疗用品及器材批发	行政区
9	南京朗盛电讯技术有限公司	医疗器械批发	经开区
10	江苏弘惠医药有限公司	西药批发	行政区

5. 上市公司

区内有海辰药业、金陵药业、诺唯赞共3家主板上市公司,正科医药、汉典生物共2家新三板挂牌企业,涵盖了药品生产、医疗器械(体外诊断)和其他(生物技术、保健食品)三大方向。(表5)

表5 区内生物医药上市/挂牌公司一览表

序号	企业名称	产业类别	上市/挂牌板块	2022年营收占生物医药规上企业总营收比重/%	2022年纳税占生物医药规上企业纳税总额比重/%
1	金陵药业股份有限公司	中药制药	A股	3.08	5.37
2	南京海辰药业股份有限公司	化药制药	A股	2.49	5.25
3	南京诺唯赞生物科技股份有限公司	医疗器械	科创板	10.42	8.05
4	南京正科医药股份有限公司	化药制药	新三板	0.84	0.65
5	江苏汉典生物科技股份有限公司	保健食品	新三板	0.41	0.31

(二) 产出及税收

1. 营收情况

2022年全区规上生物医药企业实现营收规模207.74亿元。前十家重点企业营业收入合计120.17亿元,占生物医药规上企业营业总收入57.85%。(表6)前十企业有4家在行政区,营收共计35.71亿元,占前十企业营收的29.72%。

表6 年营业收入前十企业

序号	企业名称	企业类型	营业收入/亿元	营业收入占医药产业比/%
1	南京正大天晴制药有限公司	生产型	38.63	18.60
2	南京诺唯赞生物科技股份有限公司	研发型	21.64	10.41
3	扬子江药业集团南京海陵药业有限公司	生产型	14.94	7.19
4	江苏开元医药有限公司	研发型	8.87	4.27
5	南京圣和药业股份有限公司	生产型	7.34	3.53
6	国药控股文德医药南京有限公司	销售型	6.57	3.16
7	金陵药业股份有限公司	生产型	6.40	3.08
8	华润南京医药有限公司	销售型	5.33	2.57
9	江苏康缘阳光药业有限公司	生产型	5.28	2.54
10	南京海辰药业股份有限公司	生产型	5.17	2.50
合计			120.17	57.85

2. 税收情况

2022年全区生物医药规上企业纳税8.99亿元(增值税),其中年纳税额(增值税)超1 000万的19家,纳税7.99亿元,占产业纳税总额的88.9%;超500万的22家,纳税8.18亿元,占产业纳税总额的91%。

二、生物医药重点平台

目前全区建有生物医药各类平台119家,平台类型包括重点实验室、科技公共服务平台、新型研发机构、"三站三中心"等。其中国家级8家、省级42家。(表7)

表7 区内生物医药创新平台(部分)

序号	类别	名称	建设单位	级别
1	重点实验室	医药生物技术国家重点实验室	南京大学	国家级
2	重点实验室	生命分析化学国家重点实验室	南京大学	国家级
3	重点实验室	江苏省中药药效与安全性评价重点实验室	南京中医药大学	省级
4	重点实验室	江苏省方剂高技术研究重点实验室	南京中医药大学、江苏康源药业有限责任公司	省级
5	公共服务平台	国家遗传工程小鼠资源库	南京大学	国家级
6	公共服务平台	江苏省生物医药材料测试服务平台	南京师范大学	省级
7	公共服务平台	孟河医派方药传承及开发研究服务中心	江苏省中医药研究院	省级
8	公共服务平台	江苏省新港创新药物成药性研究服务平台	南京长澳医药科技有限公司	省级
9	公共服务平台	江苏省生命科技创新园分析测试公共技术服务中心	江苏仙林生命科技创新园发展有限公司	省级
10	工程技术研究中心	江苏省现代中药制剂工程技术研究中心	江苏省中医药研究院	省级

三、栖霞区生物医药产业发展存在问题及下一步打算

(一) 龙头企业带动不足,产业规模总量有待提升

2022年,栖霞区生物医药规上企业主营业务收入最高的为南京正大天晴,仅为38.63亿元,10亿以上企业3家,1亿以上企业37家。对比2021年全国主营业务收入百亿级以上企业超过50家,全国生物医药营收百强均超过30亿元,栖霞区龙头企业规模较小,缺少真正能带动产业链上下游的巨头型企业。近年来仅有诺唯赞1家区内企业新成长为行业内龙头,相比于其他园区不断涌现的细分龙头企业而言,还有较大提升空间。

下一步,加大力度争取重大平台建设,培育链主企业、招引龙头企业。整合产业链内公共设施管理和服务平台,打造补资源、促转化、有影响的区域产业链企业公共服务中心。加大对上争取力度,积极争取国家级重大科技创新平台落地,进一步强化产业研究基础和载体支撑,提升领军型企业吸引力。同

时围绕"强链、补链、延链"开展龙头招商,吸引一批创新能力强、产业层次高、带动潜力足的优质项目。梳理有潜力成为链主的本地企业,通过高校科研资源对接以及相关政策扶持等方式,助力企业实现技术突破,加快向产业链核心和价值链高端跃升。

(二) 产业不够聚焦,多头发展不易形成优势

全区生物医药产业细分领域方向不够聚焦。栖霞区在去年发布了《新医药与生命健康产业高质量发展栖霞区三年行动计划(2022—2024年)》,明确聚焦打造创新药研制高地的目标。但从园区自身规划以及招商层面来看,与打造创新药研制高地的总体目标不能完全聚焦,只有产业聚焦才能形成合力。

下一步,紧扣南京市打造国内领先、全球特色的生物医药创新重镇发展方向,结合栖霞实际,充分发挥产业园区优势,精准布局创新药研发产业链,打造栖霞发展生物医药独特优势。

(三) 产业用地紧张,企业增产扩能需求难以满足

一方面,疫情及带量集采背景下,部分"风口"型企业增产扩能需求快速增长,却面临工业用地资源难以满足的困境。另一方面,经开区缺少产业政策支撑企业长期发展。同时,经开区专业生物医药载体空间正在筹建,相较于已经形成了一定行业影响力的江北新区、江宁区,略显滞后。

下一步,采取"经济飞地"的合作模式留住企业。推进安徽宿州生产基地、广西来宾生产基地战略合作,共建医药原料药和化学中间体的生产飞地,携手打造医药化工园,帮助区内高端中间体及医药原料药企业解决生产基地难寻的难题,将化工企业研发、销售留在栖霞区。

(四) 专业投资机构不多,资本市场不够活跃

据统计,在栖霞区注册的基金管理公司18家,区创投参与出资的基金17只,其中生物医药产业相关的基金5只。截至2022年年底,区创投累计对5家生物医药基金出资,投资栖霞区南京优科、丹诺健康等4家企业共计7 003万元。另有外区3只基金投资栖霞区申基生物、科默生物2家企业。资本市场活跃度较低,专业投资机构数量少,加上项目数量少,无法形成良性循环,投资规模小,无法支撑生物医药产业的可持续发展。

下一步,加大对产业投资的政策支持,引导市场投资。一方面,推进区级产业政策落地,加大对企业发展的支持,以及对投资基金促成栖霞区产业创新项目落户栖霞区的,择优给予一定奖励。另一方面,建议政府出资背书,支持以市场化方式参股或设立产业专项基金,打造具有栖霞特色的基金群。

涉案上市公司等企业
合规经营、监管落实路径研究

栖霞区检察院课题组、东南大学法学院指导组[①]

企业是现代经济的细胞,合规经营是企业健康发展、长期发展的灵魂与核心。上市公司具有很强的特殊性,一旦出现不合规事件引发的社会舆论、社会影响远远超过非上市公司,其承担的社会责任、面临的合规风险更为纷繁复杂。刑事犯罪是包括上市公司在内的所有企业不可逾越的"生命红线",关注、预防和避免刑事犯罪是上市公司合规经营的生存底线。

一、上市公司涉嫌刑事犯罪的风险及原因分析

(一) 涉案上市公司等企业面临的刑事犯罪风险及影响分析

上市公司是带动国民经济发展的"领跑者"和"助推器"。上市公司的合规经营不仅涉及上市公司本身及广大投资者的切身利益,更关系到我国经济秩序和资本市场的健康运行。涉案上市公司等企业所面临的刑事风险分为两类,一类是涉案上市公司及公司内部人员作为被告人的刑事风险,一类是涉案上市公司等企业作为被害主体的刑事风险。虽然在两类刑事风险当中涉案上市公司等企业所担负的法律地位和法律责任不同,但一旦涉及刑事犯罪,就可能导致涉案上市公司等企业遭遇前所未有的危机和挑战,给公司带来严重的

[①] 课题负责人:曹琼　专家指导:杨春福
本文在2022年度栖霞区"校地党校工作联盟"课题调研评奖中获二等奖。

危害,甚至可能面临生死一线。

涉案上市公司等企业遭遇刑事犯罪引发风险,特别是企业亏空、退市乃至破产风险时,由于上市公司主体的规模性和特殊性,往往会造成各方利益受损,例如业务违约、项目停滞烂尾、工人大量失业、行业发展受到阻碍等,社会公共利益受到损害,若是影响力大的上市企业遇到上述情况,甚至可能会造成局部经济的动荡,增加社会不安因素,给经济社会健康有序发展带来隐患。[①]

(二)上市公司涉嫌刑事犯罪原因剖析

一是公司的治理结构存在缺陷。相较于非上市公司而言,上市公司一般在形式上具有相对完备的公司治理结构,但实践中仍存在着股权结构不合理、董事会决策机制形同虚设、监事会无法有效发挥监督职能、约束和激励机制未发挥作用等缺陷,未在公司内部建立起合规管理组织体系,公司决策和运营往往由一个或几个内部控制人实际操控,治理结构上的缺陷导致了权力的严重失衡。

二是公司的规章制度存在隐患和漏洞。公司未构建起专门的合规管理制度,也未能在决策、经营、采购、销售、投资、财务、人事、行政等各个管理环节贯彻和落实合规性要求,现有规章制度可能存在内容、程序和体系上的种种缺陷,无法与公司实际生产经营相结合,操作规程执行不到位,甚至相互冲突、难以执行,最终流于形式。

三是公司对于自身经营、业务及人员等方面的管理失控。实证分析发现,在上市公司及其内部人员作为犯罪主体的案件中,管理岗位人员犯罪率高达83%,且所涉岗位多为公司高级管理人员、投资岗位、采购岗位、财务岗位、项目业务岗位等,明显反映出涉案上市公司等企业缺乏对经营管理的关注和重视,未能及时针对自身生存发展所涉及的重点领域、重点环节和重点人员加强合规管理,导致相关领域、环节和人员的管理和监督完全失控,特别是管理人员和重点岗位缺乏约束、制衡和监督,违规操作层出不穷。

四是公司缺乏合规审查和风险防控机制。很多涉案上市公司等企业暴露出对于生产经营活动合规审查不严这一问题,对于市场交易、安全环保、业务经营、投资采购、财务税收、信息披露及知识产权等方面容易发生刑事法律风

---

① 参见孙国祥:《刑事合规的理念、机能和中国的构建》,《中国刑事法杂志》,2019年第2期。

险的重点领域缺乏事先性的合规审查环节,更缺乏对相关合规风险的识别、评估和防控措施,特别是在引入新的经营模式或业务模式时,缺乏前置性的合规审查和评估论证,没有对相关经营或业务模式是否具有刑事法律风险进行考察和评估,公司可能自带"犯罪基因",从而产生刑事合规风险。

五是公司内部监督体系不健全。很多涉案上市公司内部监管机制缺失或流于形式,内部监督机构往往缺乏独立性和权威性,监管乏力,无法针对公司决策和经营行为的合法合规性开展有效的监督工作,甚至完全受控于实际控制人,对决策层和经营层的滥权行为束手无策。内部监管制度体系不健全,或是缺乏有效的监督检查、举报调查、考核奖惩及违规追责等,或是只局限于制度层面的构建,做表面功夫,跟实际运行完全脱节,难以真正落实到执行层面。

六是公司未养成合规文化,合规经营意识淡薄。很多涉案企业反映出企业管理人员及基层员工缺乏基本的法律风险意识,法制和规则观念薄弱,对合规风险缺乏关注和重视,没有树立起合规优先于业务的观念。有些涉案企业的管理人员和直接责任人员出于对经济利益的片面追求,抱有侥幸的牟利心理,明知可能涉嫌违法犯罪仍铤而走险实施违法违规行为。[①] 涉案上市公司等企业在整体上普遍没有形成良好的合规氛围,没有培育养成积极健康的合规文化,合规宣贯和合规培训缺失,人员法制素养不高,缺乏对合规理念的认同感,没有树立起依法合规、守法诚信的价值观。

二、涉案上市公司适用合规整改的探索分析

当前,我国经济社会发展面临巨大挑战,经济运行中的矛盾风险不断显现,为有效预防和惩罚犯罪、帮助挽救涉案企业并促使涉案企业依法合规经营,刑事合规的激励作用逐渐显现,企业合规改革试点应运而生。

(一) 推行涉案企业合规改革的探索实践

最高人民检察院自2020年3月以来在上海、江苏、山东、广东等地启动涉案企业合规改革试点工作,围绕推进企业合规建设开展企业犯罪相对不起诉

[①] 参见赵宏瑞、刘伟:《新时期以合规文化建设规范企业商业贿赂治理的逻辑与路径》,《南京财经大学学报》,2020年第2期。

适用机制改革。2021年3月开始扩大试点范围,在北京、辽宁、上海、江苏、浙江、福建、山东、湖北、湖南、广东10个地区开展第二期试点工作,进一步加大改革力度,形成改革合力,积累改革经验,推进企业合规改革试点纵深发展。

2021年6月,最高人民检察院会同全国工商联等八部门制定发布《关于建立涉案企业合规第三方监督评估机制的指导意见(试行)》,此后又印发实施细则和专业人员选任管理办法两个配套文件,通过引入专业力量初步形成了企业合规第三方监管合力。10个试点地区全部会签印发省级第三方机制规范性文件,成立第三方机制管委会,第三方机制已开始实质化、专业化运行。

经过两年的积极探索和实践,企业合规改革试点工作积累了一定经验,最高人民检察院于2022年4月召开工作部署会,在深入总结试点经验的基础上,部署全面推开涉案企业合规改革试点工作,这也标志着涉案企业合规改革工作进入崭新的发展阶段。

(二)涉案上市公司适用合规整改的特点和优势

一是在涉案上市公司等大型企业单位犯罪往往是非系统性单位犯罪,区别于经过企业内部集体决策或企业负责人决定实施危害社会行为的系统性单位犯罪,非系统性单位犯罪系由于企业管理不善、未建立有效合规管理体系等原因导致企业内部或关联人员以企业名义实施了犯罪行为,在本质上并非体现企业整体的犯罪意志,在一定程度上企业仅存在管理失控等失察、失职责任,这为其适用合规整改程序提供了正当性空间。

二是涉案上市公司等企业本身也大多为被害主体,对于加强合规管理体系建设具有迫切性和必要性。根据我们对上市公司涉嫌刑事犯罪情况的实证分析,上市公司在部分犯罪案件中系作为被害主体受到了外部不法侵害,本身并非犯罪主体。而即便是在涉案上市公司及公司内部人员实施犯罪作为被告人这类最常见的上市公司涉刑犯罪案件中,因为犯罪行为本身会给上市公司带来严重危害,数据显示在超过半数以上案件中,上市公司同时也成了犯罪被害主体。如何降低企业成为刑事犯罪被害人的风险,如何防范企业外部犯罪向内部犯罪转化等现实存在的问题,涉案企业需要从合规的角度寻求答案。

三是上市公司具备构建合规管理体系的能力和资源。中小微企业产值规模小,组织架构简单,成本负担能力低,往往只能探索开展简化程序不降标准的"简式"合规。而上市公司具有较为完备的现代公司治理基础,有利于企业针对与涉嫌犯罪密切相关的内部治理结构、规章制度、人员管理等方面所存在的问题,制定行之有效的合规考察整改方案,搭建完整有效的合规管理体系,提交以全面合规为目标、以专项合规为重点的合规计划。此外,合规整改程序往往需要涉案企业承担较高的合规整改成本和监管成本,花费大量时间、资金和人员精力,上市公司在成本投入的意愿和承受能力上也远远高于中小微企业。

四是涉案上市公司适用合规整改程序符合有效预防犯罪、维护社会公共利益的长效治理目标。上市公司人员规模大,治理结构相对完备,决策、执行、监督分工明确,制度和流程机制相对规范,通过建立和植入符合企业运作实际的合规管理体系可以弥补企业的制度和管理漏洞,从源头防止再次发生相同或类似的违法犯罪行为,可以有效预防犯罪。通过合规整改程序促使涉案上市公司合规守法经营,努力倡导和实现"办理一个案件,挽救一个企业,规范一个行业"的良好效果,促进企业乃至行业规范发展。[①]

(三) 涉案企业合规整改

1. 合规整改的性质

如果说日常性合规管理是一种常态化的合规管理模式,那么,合规整改模式就属于一种"危机应对式合规管理模式"。[②] 企业启动合规考察整改,意味着企业因涉嫌违法犯罪行为面临刑事追诉或处罚,相关涉案事实基本查实,此时企业进行的合规考察整改是针对特定犯罪开展的,重点强调合规考察整改的"针对性"和"有效性"。此外,企业进行日常性合规管理通常是自发性的,而合规整改是在检察机关主导下开展刑事合规治理,通过合规整改指导和监督企业建立和落实合规管理计划,达到预防企业再次犯罪的效果,实现"去犯罪化"的目的。

2. 合规整改的主要内容

根据检察机关在涉案企业合规改革试点工作中探索出合规整改经验,结合合规理论的相关研究,我们将合规整改的主要内容总结并划分为三个程序

---

① 参见陈瑞华:《企业合规制度的三个维度——比较法视野下的分析》,《比较法研究》,2019年第3期。
② 参见陈瑞华:《有效合规管理的两种模式》,《法制与社会发展》,2022年第1期,第15页。

步骤：一是合规前置和启动程序，以涉案企业认罪认罚、查处涉案相关责任人员、通过补救挽损等措施降低犯罪危害程度为前置要件，同时要求企业在认识到犯罪行为及犯罪后果的基础上进行自查，揭示犯罪现象，分析犯罪原因；二是合规整改程序，涉案企业在检察机关主导下查找和梳理企业制度漏洞，针对性地制定合规管理计划并予以充分落实，达到有效合规整改的目的；三是合规考察验收程序，由第三方组织最终评估审核涉案企业合规整改的有效性，验收合规工作。[1]

3. 合规前置和启动程序

一是涉案企业和相关责任人员要做到认罪认罚，涉案企业须服从检察机关对涉案事实的认定、承认指控的犯罪事实，这既是合规整改启动的程序要件，也是确保企业能够进行合规整改的基础。根据最高人民检察院和各试点检察机关的改革文件，涉案企业和直接责任人认罪认罚，是对企业适用合规考察程序的前提条件之一。[2] 涉案企业认罪认罚意味着对自身被指控的犯罪行为是承认的，对因犯罪行为而损害的法益有认罪悔过的态度，也愿意积极配合检察机关进行后续整改。

二是涉案企业应及时补救挽损，尽可能地降低犯罪危害程度。涉案企业通过及时的补救挽损来弥补和修复对法益的侵害也是获得合规考察整改的前提，如涉税犯罪的企业及时补缴偷漏税、滞纳金及罚金，涉污染环境犯罪的企业在第一时间停止污染物的排放、缴纳罚款、赔偿损失，涉商业贿赂犯罪的企业和相关责任人员能够在第一时间坦白犯罪事实等，这些措施是降低检察机关追诉犯罪行为紧迫性和必要性的重要依据，是决定对涉案企业开展合规考察整改的重要步骤。

4. 合规考察整改程序

涉案企业提交的合规整改方案应具有针对性、适当性、可行性。涉案企业特别是涉案上市公司应当以专项合规为重点，全面合规为目标，针对与企业涉嫌犯罪有密切联系的问题及制度流程缺陷，制定切实可行的合规管理计划，构建有效的合规组织体系，完善对应的业务管理流程，弥补企业规章制度和监督管理漏洞，从源头防止再次发生相同或类似违法犯罪。聚焦立好"规"，立足标

---

[1] 参见陈瑞华：《企业合规问题》，《中国法律评论》，2020年第1期。
[2] 参见陈瑞华：《有效合规管理的两种模式》，《法制与社会发展》，2022年第1期。

本兼治,"因罪施救""因案明规",确保涉案企业整改"合规计划"真合身、真管用;聚焦督促"改",加强有效沟通协调,严格审查把关,促进涉案企业真整改、真合规。①

5. 合规验收程序

合规整改验收程序中由检察机关主导验收合规整改效果,检验涉案企业合规管理计划是否有效落实,能否去除犯罪基因、有效预防再次犯罪。只有被证明的合规计划,才能作为对涉罪企业从宽、免除处罚的事由。② 检察机关在合规考察验收时应注重审视涉案企业合规管理的"有效性"和"可评价性",避免纸质合规、形式合规,确保合规考察整改措施能够有力咬扣企业制度缺口、扼制犯罪动机以最终达到"去犯罪化"的目的。

涉案企业合规改革试点工作必须因企施救,针对不同企业、涉嫌不同犯罪来分类制定合规计划,聚焦与企业涉嫌犯罪有密切关联的合规问题制定合规计划,有针对性地促进合规整改,促进公司企业持续合规经营,打造制度核心竞争力。

三、关于涉案上市公司等企业合规监管的落实路径

上市公司主体本身具有很强的特殊性,面临着更为复杂的合规风险,也承担着更大的社会责任,相较于非上市公司而言理应适用更为体系化的合规管理标准、更严格的合规整改标准。

(一) 涉案上市公司等企业的内部监管

涉案上市公司等企业合规守法经营必须落实内部监管路径。企业内部是否具备有效的合规监管路径和机制构成企业合规管理体系有效性评价的重要标准之一。

1. 建立常态化合规检查机制

涉案上市公司等企业要落实承担合规检查职责的具体部门或人员,设置

---

① 参见《最高人民检察院关于开展企业合规改革试点工作方案》,2021年3月19日印发。
② 参见李勇:《涉罪企业合规有效性标准研究——以A公司串通投标案为例》,《政法论坛》,第40卷第1期。

合规、法务、内控、审计等多个部门或配备相关人员参与企业内部监督管理体系，可以统筹分工、定岗定责，并根据企业实际情况建立配套的常态化合规检查机制，对企业的规章制度制定、重大事项决策、重要合同签订、重大项目履行、大额资金流转等经营管理事项进行定期、不定期的合规检查或抽查，合规检查结果需上报并备案。对于合规检查中发现的不合规事项或行为，应该立即发出整改建议，要求不合规的部门及人员在规定的整改期限内开展合规整改工作，并就整改结果上报并备案。合规检查和整改结果建议在企业内部进行公示，并与部门及个人的奖惩考核挂钩。

2. 建立合规考核和奖惩机制

涉案上市公司等企业应当建立合规考核和奖惩机制，将员工行为合规纳入企业考核评价体系中，将合规考核评价与员工升职加薪挂钩，与违规问责处罚挂钩，从合规而发挥考核奖惩机制的合规监管作用，并且正向激励企业员工行为主动、持续合规。合规考核体系应当公开透明，考核指标应当具有合理性和适当性，考核形式应当多样化。涉案上市公司等企业可根据自身业务类型、经营模式及所面临的合规风险状况，区分重点岗位、重点环节和重点人员，根据员工不同岗位、职级、工作内容等要素设置差异化的考核指标。[①]

3. 建立合规举报核查机制

涉案上市公司等企业应当建立合规举报和调查机制，彰显合规监察的作用和价值。企业应当设置专门受理合规举报的部门或委托第三方专业机构提供外部支持，畅通举报和沟通渠道，确保举报渠道的便捷性，并完善举报机制给予举报人足够的安全保障和奖励激励，鼓励第一时间向企业举报不合规行为，查实后向举报者"保密"发放奖励，增强企业员工、合作伙伴或外部人员对企业举报机制有效运行的信心。

（二）涉案上市公司等企业的外部监管

加强外部合规监管是涉案上市公司等企业落实合规监管的主要路径和重要内容。在上市公司面临刑事犯罪时，检察机关应发挥检察职能和主导作用，深化多部门协作，联合多方力量，采取多种监管措施主动介入合规建设，以激

---

① 参见陈瑞华：《论企业合规的中国化问题》，《法律科学》，2020年第3期。

活企业内部自我监管,促使涉案上市公司等企业的合规管理真正落到实处。

1. 检察机关发挥主导作用,促进合规监管实质化

检察机关应当在涉案企业合规监管当中发挥主导作用,稳妥推进合规整改进程,避免虚假合规和合规腐败等情况的发生,促进合规监管实质化,确保监督审查覆盖事前、事中及事后。

一是检察机关对于上市公司等企业涉罪案件应提前介入,审查案件事实,引导侦查取证,积极开展个案会商和社会调查,摸清涉案企业具体情况和社会影响,了解涉案企业是否具有合规整改意愿。二是检察机关在合规整改程序的启动环节起到主导作用,明确企业合规的适用条件和启动方式,规范工作程序,全面评估案件是否具有开展合规整改的条件,对可以适用企业合规考察程序的案件,及时征询涉案企业的意见,积极引导涉案上市公司等企业开展合规建设。三是检察机关在合规考察过程中负有监督审查职责。检察机关可以结合办案发现,指导涉案上市公司等企业进行犯罪原因诊断,查找经营管理漏洞,提出整改建议和要求,协助制定整改措施,统筹合规考察进度,及时跟进、掌握、督促合规计划进展和落实情况。四是由检察机关主导合规考察验收审核。检察机关应当在全程监督的基础上,由第三方组织对涉案上市公司等企业制定实施的合规计划进行有效性评估和审查,确保"真整改,真合规",并以第三方组织最终出具的验收意见作为案件处理决定的重要依据。

2. 做好行刑衔接,加强多部门协同监管

企业合规监管是多部门协作的大课题,对涉案企业的合规监督评估涉及司法、执法、行政、行业监管等多方面,需要检察机关与公安机关、行政主管机关、工商联、行业协会等相关部门和专业组织强化沟通,加强行刑衔接,建立监管协作机制,实现常态化联络与协作配合,加强信息共享,形成工作合力,共同推动涉案企业合规建设,监督涉案企业"真整改,真合规",而绝对不能是某一检察机关的"独角戏"。

3. 构建第三方监督评估机制,第三方监管与巡回监管相结合

对符合企业合规改革试点适用条件的涉企犯罪案件,第三方监督评估组织在第三方机制管委会主导下对涉案企业合规考察整改工作进行调查、评估、监督和考察,考察结果作为检察机关依法处理案件的重要参考。

涉案上市公司等企业合规监管工作难点多,专业性强,规范性要求高,可

能涉及法律、金融、税务、审计、证券、环保、数据等多个领域多个方向。由第三方监督评估组织专业人员对涉案上市公司等企业合规计划的可行性、有效性与全面性进行审查，有利于破解合规考察整改难题，增强监督评估专业性，提升办案质效和规范化水平。巡回检查制度，在实务中又被称为"飞行监管"，由第三方机制管委会组建巡回检查小组采取定期检查、不定期抽查、跟踪监督等方式围绕涉案企业合规建设及第三方监督评估组织的工作进行监督，发现问题、反馈问题、解决问题。为了有效防止和避免发生"虚假整改""合规腐败"等问题，第三方监督评估组织开展合规监管必须与检察机关主导审查、巡回检查小组飞行监管以及其他制度性要求相结合，确保涉案企业合规建设依法、规范、有序进行。[1]

4. 搭建公开听证机制，广泛接受社会监督

因涉案企业特别是涉案上市公司合规监管工作涉及法律、企业管理等多个专业领域，且合规改革工作应纳入社会监督范围，为此应当建立检察听证常态化制度，对涉案企业合规考察工作原则上适用公开听证，"能听证尽听证"，多途径接受社会监督。

某检察院在办理某大型建筑企业串通投标案的合规整改工作中，探索采用了"双听证"模式，很值得我们在合规监管实务中学习和适用。检察机关在涉案企业拟定出初步合规计划后，举行第一次专家咨询听证，听取专家学者意见建议，保证合规开展的专业性、有效性；在第三方监督评估组织作出初步结论后，检察机关第二次举行公开听证，广泛邀请社会各界人士与专业人士对涉案企业进行质询，验证合规实效。经过近一年的合规整改，通过"双听证"，该检察院于2021年10月15日对某涉案企业单位犯罪作出相对不起诉决定。

对涉案上市公司等企业适用合规不起诉发挥合规的激励作用的同时，必须防范功利化风险，落实合规监管路径，对涉案企业加强合规监管，避免发生"纸面合规""形式合规""虚假合规""合规腐败"等现象，防止企业合规整改沦为涉案企业和个人的"脱罪"工具。

---

[1] 参见李勇：《检察视角下中国刑事合规之构建》，《国家检察官学院学报》，2020年第4期。

关于栖霞区跨境电商发展情况的调研与思考

栖霞区商务局课题组、南京财经大学国际经贸学院指导组[①]

跨境电商是指分属不同关境的交易主体,通过电子商务手段将传统进出口贸易中的展示、洽谈、成交等环节电子化,并通过跨境物流送达商品、完成交易的一种国际商业活动。按照交易主体划分,跨境电商可以分为B2B(企业对企业)、B2C(企业对个人)和C2C(个人对个人)等模式。随着互联网技术的进步和数字经济的发展,跨境电商已成为对外贸易新形态、消费新热点和经济高质量发展新动能。当前国际贸易形势复杂多变,发展跨境电商,对适应全球贸易发展新变化,探索对外贸易发展新模式,提高国际市场竞争力具有重要意义。自2018年南京获批跨境电商综试区试点城市以来,栖霞区抢抓跨境电商发展机遇,突出自身特色和优势,在跨境电商领域进行了有益探索。

一、栖霞区跨境电商发展现状

近年来,栖霞区切实贯彻国家倡导的"以创新驱动促改革发展"理念,积极顺应外贸创新发展趋势,围绕南京跨境电商综试区建设目标,结合栖霞区位特色、人才优势和产业基础,加快培育跨境电商新业态,在主体培育、载体建设、模式创新和服务优化等方面主动投入,取得了初步成效,积累了一定基础。

[①] 课题负责人:张倩　专家指导:杨智华
本文在2022年度栖霞区"校地党校工作联盟"课题调研评奖中获三等奖。

（一）头部企业引领，发展初具规模

栖霞区现有实际从事跨境电商业务企业约67家（行政区53家、经济技术开发区14家）。2021年跨境电商累计进出口额约7.3亿元，2022年1—9月份累计约6.3亿元。年跨境进出口额超千万以上重点企业17家，跨境进出口额占全区总量的90%。以开元医药、江苏中创供应链为代表的重点企业积极拓展跨境电商业务，实现了较好转型，发挥了示范引领作用。开元医药连续9年被中国医保商会授予"西成药行业出口十强"称号，产品行销120多个国家和地区。近年来，为适应外贸环境新变化，公司主动借道跨境电商转战B2C业态，成立跨境电商运行小组，依靠大数据选热品、抓机会、抢风口，在阿里巴巴国际站的两个店铺分别被评为五星和四星店铺。2021年，开元医药实现跨境电商交易额2 340万美元，2022年1—9月交易额约1 500万美元，成为全区传统外贸向跨境电商转型发展的排头兵。江苏中创供应链坚持创新引领发展，从一家主营国际货代业务的企业转型为跨境电商科技服务型企业，拥有6项发明专利和31件软件著作权，建成全省首个以跨境为主题的全球直播基地，与中国检验认证集团（CCIC）联合开发跨境溯源认证系统，探索跨境线下O2O独特商业模式，制定江苏省跨境电商线下展示地方标准，走出了一条具有开创性的发展之路。公司获评国家高新技术企业，入选"2022年省级专精特新中小企业"名录。

（二）区位特色凸显，框架基本形成

一是消费品跨境进口生态圈初步形成。以综保区（龙潭片）和南京龙潭跨境贸易电子商务产业园、八卦洲跨境电商产业园两个省级跨境电商产业园为依托，以美妆、母婴、保健品等跨境进口消费品集散为重点，辐射带动全区跨境电商进口，形成"1+2+N"的发展模式。二是工业品跨境出口逐渐发力。栖霞是传统工业强区，南京经开区连续两年跻身国家级经开区前十强，已形成光电显示、高端制造、生物医药和现代服务业四大支柱产业。借助深厚产业基础，康尼新能源、联宏自动化、年达炉业等传统制造业企业纷纷试水跨境出口。三是跨境电商物流进一步畅通。"公铁水"物流枢纽在区内交汇，有力保障了跨境产业链供应链稳定畅通。南京中欧班列去程起点站在尧化门，回程终点站在龙潭，已陆续开通中亚、俄罗斯、远欧、老挝等多条国际班列线路；2022年1

至10月,南京中欧班列共开行272列,进出口货值8.79亿美元,同比增长56.74%。海外仓使用和建设稳步推进,有助于降低物流成本、提高配送效率。栖霞区67家跨境电商企业中,使用海外仓的企业有13家,占比19.4%,成功创建2个省级公共海外仓和2个市级公共海外仓。

(三) 聚焦进口集散,创新稳步推进

在跨境进口消费品集散上持续发力,打造八卦洲跨境电商产业园。2021年5月开园以来,园区已吸引中国大陆地区10个总代理品牌入驻,正式签约10余家国际知名美妆品牌,通过产业园集散并面向全国销售发货的品牌已达50余个。2022年以来,借助综保区(龙潭片)保税进口业务,依托八卦洲跨境电商产业园线下实体,联动开展新零售模式试点申报工作。经过近一年的推进,目前该项目试点已获批,成为南京市首家、江苏省第二家,必将为传统跨境电商发展带来新的活力,进一步带动栖霞区进口消费品集散中心建设。

(四) 为企服务用心,营商环境优化

打造为企服务品牌"栖悦直通车",联合中信保、南京地区海关、税务、市场监管、金融机构等持续为跨境电商企业提供面对面、点对点服务,在出口信保、货物通关、海外知识产权纠纷、贸易融资等方面为跨境电商企业持续护航。2022年以来,组织和开展各类培训20余场,为跨境电商企业争取省市各类扶持资金139.6万元,惠及跨境电商企业10家。

二、栖霞区跨境电商发展条件

(一) 交通优势

栖霞区拥有具备国际航运物流功能的公铁水无缝衔接综合运输体系。龙潭片区获批南京港口型(生产服务型)国家物流枢纽,成为江苏省第一个国家物流枢纽。龙潭港是全国唯一同时拥有江海河、公铁水联运条件的港口,兼具面向国际和服务内陆两大功能,构筑有辐射长江中上游的国际集装箱运输网络,有直达日本、韩国、南亚等国际班轮航线,有密集的内河支线与上海无缝衔接,可通达全球170余个国家和地区,能够保证产品有效衔接国际市场。龙潭铁路货运站、尧化门编组站与津浦、沪宁、皖赣等通往全国各地的铁路干线相连，中欧、中老国际货运班列在尧化门编组始发，可全天候、低成本通达欧洲、南亚地区。

（二）综保区优势

综合保税区是目前国内开放层次最高、优惠政策最多、功能最齐全、手续最便捷的特殊经济区域。南京综合保税区于2012年9月17日经国务院批准设立，规划面积5.03平方公里，分为龙潭片和江宁片两个片区。龙潭片规划面积3.83平方公里，以服务贸易、货物贸易和高端制造为主导，具备保税物流、展示交易、商务服务、检测维修、融资租赁等相关配套服务。企业可以利用综保区"境内关外"的政策优势开展1210保税进口业务。2021年，龙潭综保区1210一线进口776万美元，二线出区11.76万票。

（三）载体优势

全省34家省级跨境电商产业园中，两家位于栖霞区，分别是龙潭跨境电商产业园和八卦洲跨境电商产业园。龙潭跨境电商产业园于2014年10月正式投入运行，是南京市发展跨境电商首批打造的"两园一中心"之一。园区紧邻龙潭深水港，划分保税区域和一般区域，整合跨境电商监管中心、海运快件监管中心、进口食品集中监管库等监管功能，可实现跨境电商"1210"保税进口、"9610"一般出口、"9710"B2B直接出口以及"9810"海外仓出口等跨境电商业务模式全覆盖。目前，园区已集聚电商相关企业近130家，累计完成1210业务4.47万单，累计完成9610业务177.33万单，位居全省前列。八卦洲跨境电商产业园位于八卦洲岛内，占地100余亩，仓储面积1.5万平方米，办公区域面积4 800平方米，重点打造跨境电商产业集聚中心、跨境产品进出口双向集散中心、跨境贸易品牌展示交易中心，借助线上电商平台、社交电商、直播带货、现场体验等贸易方式，整合对接上游品牌资源，开拓下游分销渠道，建立完整的上下游供应链体系。2021年5月开园以来，产业园获省级跨境电子商务产业园、省级公共海外仓、南京市跨境电商美妆产业示范园等多项授牌。

（四）人才培养优势

区内仙林大学城高校密集，南京大学、南京财经大学、南京信息职业技术学院等7所院校开设有国际经济与贸易、跨境电子商务等相关专业,南京工业职业技术大学、南京信息职业技术学院设有跨境电商专门人才培训实操基地,具有培养跨境电商人才的教育资源优势。南京市连续5年组织跨境电商创业大赛,以赛促训,为全市跨境电商企业相关人员提供学习、实训平台。2021年,区内高校组织学生与跨境电商企业员工组队,获得大赛一等奖。

(五)政策环境

近年来,国务院、省市分别出台一系列加快培育外贸新业态新模式、促进跨境电商高质量发展的政策文件,先后印发了《国务院办公厅关于加快发展外贸新业态新模式的意见》(国办发〔2021〕24号)、《国务院办公厅关于促进内外贸一体化发展的意见》(国办发〔2021〕59号)、《省政府办公厅关于加快发展外贸新业态新模式若干措施的通知》(苏政办发〔2022〕10号)、《关于促进全省跨境电子商务高质量发展的工作意见》等文件,大力支持跨境电商新业态新模式发展。南京市积极完善行业支持体系,优化监管环境,提升载体功能,出台《促进中国(南京)跨境电子商务综合试验区高质量发展若干政策》,从园区、平台、经营主体、服务体系、行业发展等五个方面给予支持,搭建有利于电子商务发展的良好支撑体系和政策环境。

三、栖霞区跨境电商发展面临的问题

栖霞区发展跨境电商虽然具备一定的规模和优势,在一些点上取得了初步成效,但是总体量不大,影响力有限,对进出口的带动作用尚不明显。

(一)龙头企业和跨境综合平台缺乏

与宁波、郑州、青岛等国内跨境电商发达地区相比,龙潭综保区缺少像天猫国际、考拉海购、京东这样具有带动辐射作用的龙头企业和综合仓,第三方支付平台、跨境物流服务平台和跨境认证服务中心等核心企业尤其匮乏,致使全产业链竞争力较弱,资源聚集受其他城市地区挤压。行政区内恒誉供应链、阿尔文科贸等多家企业货物一线进口均是从青岛、宁波等地综保区入关。龙潭综保区内视客供应链有限公司引进菜鸟专业仓,主要从事进口隐形眼镜的跨境销售业务,2022年上半年完成进出口1591万元,同比增加61%,专业仓较好地带动了企业进出口业务的开展,但类似企业全区仅此一家,缺少可以服务覆盖更多电商平台的菜鸟中心仓,借势而为发展跨境电商的潜力还没充分发掘。

(二) 新业态对进出口整体拉动作用不明显

全区67家有实绩的跨境电商企业,占外贸进出口企业总数的9%;2022年1—9月实现一线进出口6.3亿元,占外贸进出口总额的0.73%,其中进出口总额小于200万元的32家,占比60.3%。大部分跨境电商企业仍处于起步、试水阶段,总体数量偏少、规模偏小。

(三) 区内配套政策相对缺乏

跨境电商业态发展离不开政策引导,省内发布跨境电商扶持政策的地区不在少数,而义乌、临沂、青岛等省外地区的政策更为优厚。2019年,综保区(龙潭片)获得市级跨境电商专项补贴资金,资金规模1 000万元,有效期3年(2019—2021),并据此制定了《南京综合保税区(龙潭片)促进跨境电商网购保税进口发展实施办法》。相对于义乌、青岛等地1美元补贴0.3元的标准,0.1元的补贴支持力度明显不足,难以撬动保税进口业务放量。目前,综保区政策已经到期,行政区仅依托省市相关政策开展服务,缺少鼓励外贸新业态的相应配套扶持政策。

(四) 人才培育与高校联动不足

栖霞区跨境电商从业人员大部分是外贸员转型而来,精通商贸、支付、物流、通关、网络、语言等高素质复合型人才较为缺乏。区内虽然有丰富的高校教育资源和相关的专业设置,但是政产学合作务虚、人才培养不适需、区内人才留存度低等问题亟待解决。2020年,栖霞区同南京工业职业技术大学及部分跨境电商企业、行业协会成立了跨境电商联盟。2021年,八卦洲跨境产业园同南大、南艺等院校签订了校企合作协议。这些合作大都未能进入实质性操作阶段。

(五) 跨境电商企业法律风险意识有待进一步加强

跨境电商运营涉及知识产权、税收、通关、检验检疫、大数据使用以及消费者权益保护等方面问题。近年来,知识产权纠纷是跨境电商业务中最为频发的纠纷之一,包括知名产品商标侵权、外观或者专利侵权、著作权侵权、涉外定牌加工中商标侵权等。栖霞区企业童年时光生物与美国供应商在商标注册方面产生的法律纠纷,一定程度上反映出企业在跨境电商业务中的法律风险意识和专业应对能力还不足。

四、栖霞区发展跨境电商的建议

(一) 加强顶层设计,用好综保区资源

一是强化市级统筹,把促进南京综保区高质量发展作为全市扩大开放的大事来做,市级层面提级谋划和管理,出台支持综保区发展的具体举措。二是强化区级协同,进一步加强相关部门同南京综保区(龙潭片)联动,加快形成跨境电商项目推进一体化机制,实现商务、海关、税务等部门间数据联通和共享,打造跨境电商数据"中枢大脑"。三是加快补齐短板、完善功能,促进综保区从货物贸易为主向货物贸易和服务贸易融合发展转变,发挥开放示范带动作用。四是挖掘中欧班列运输优势,形成产业集聚。借助南京去程中欧班列和周班化回程班列带来的稳定、可靠和高性价比运输服务,一方面加强宣传,鼓励企业积极尝试运用铁路运输通道开辟市场、拓展业务;另一方面建立货源整合工作机制,帮助区内企业申请开行货运专列,满足跨境电商货运物流高效及时的需求,进一步凸显本区作为长三角连接欧亚大陆的重要新节点物流枢纽地位,吸引更多跨境电商资源聚集。

(二) 优化跨境电商生态圈

进一步加强对跨境电商业态发展规划,纳入全区产业发展规划布局,结合创新型城市建设、数字贸易发展和自贸区南京片区联动创新需要,围绕税收、通关、支付结算、服务配套等关键问题,在政策、土地、监管、服务等方面给予重点支持;将国内外营销网络建设、海外仓建设、跨境电商基础设施与公共设施建设、跨境电商平台引进、跨境电商人才引进培养等纳入政策支持范围,支持传统外贸企业向跨境电商企业转型;建立区级产业引导资金,对于跨境电商等轻资产贸易型企业,研究相关扶持办法,帮助企业解决融资难题。

(三) 实施跨境电商人才培育工程

一是积极引新苗,将跨境电商人才作为招才引智的重要方面,优化政策吸引国内外高端人才、团队来栖霞区就业发展。二是精心育小苗,积极发挥南大、南邮、南财、南京工业职业技术大学专业技术优势,大力培育本土人才。搭建政产学合作平台,建设跨境电子商务人才培训基地,打通人才供需壁垒。三是联动壮幼苗,同亚马逊(中国)、阿里巴巴国际站、焦点科技等联合开展骨干人才培训营,适时组织区级跨境电商创业创新大赛,建立多层次跨境电商人才培养体系。

(四) 加大招商引资力度

加强跨境电商服务企业招引力度,吸引更多跨境电商领域资本入区。加强同阿里菜鸟、京东、TikTok、亚马逊、网易考拉等国内外知名跨境电商平台、大卖家联系对接,突出重点着力引入一家头部品牌综合仓,提升跨境物流、国际结算、海外推广等一站式服务能力,充分发挥头部企业对产业带动作用。

(五) 提升精细化管理水平

成立涵盖三区的促进跨境电商高质量发展工作专班,包括发改、商务、市场、税务、规自、财政、综保区(龙潭片)、属地海关等部门,进一步细化完善各部门职责、监管职能、工作联动机制,积极吸收借鉴优势地区管理经验,突出跨境电商主要法律风险与防范,提升对现有跨境电商主体的监管服务精细化程度,既要包容更要审慎监管,确保走稳踩实,实现跨境电商业态健康有序发展。

政治建设篇

构建街道议政代表会制度栖霞模式探索全过程人民民主基层实践路径

栖霞区人大办课题组、南京市委党校党史党建教研部指导组[①]

构建街道议政代表会,是贯彻落实中央人大工作会议精神、践行全过程人民民主的具体举措,是加强基层治理体系和治理能力现代化建设、增强街道议事协商能力的工作需要,也是加强新时代地方人大工作、夯实基层人大工作基础的必然要求。栖霞区人大常委会认真贯彻落实中央和省市区委决策部署,在市人大常委会指导下,科学把握新时期地方人大工作规律,立足"网格化""掌上云"等基层治理创新实践,在全区推行街道议政代表会制度,积极探索全过程人民民主基层实践新路径。在取得一定工作成效的同时,实践中也面临一定的问题和困惑,有待在推进过程中深入思考并加以研究解决。

一、构建街道议政代表会制度的时代背景和现实意义

街道议政代表会是在街道党工委的领导下组织实施,由街道人大工委召集,鼓励引导辖区内议政代表参政议政的议事协商组织,是人民群众行使知情权、参与权、监督权的重要方式。街道议政代表会制度的构建有效填补了街道本级无人民代表大会和人大代表的空白,补充了人民群众和政府互动沟通的渠道,体现了党的领导、人民当家作主和依法治国的有机统一。作为加强街道人大工作和基层民主监督的监督新形式,早在2005年,浙江省金华市金东区

[①] 课题负责人:沈燕　专家指导:刘玉东
本文在2022年度栖霞区"校地党校工作联盟"课题调研评奖中获二等奖。

就先试先行,在街道建立了村(居)民代表议政会。十多年来,随着城市化进程的推进和基层民主政治的发展,全国多地对议政代表会制度进行了探索实践、发展完善,逐步明确了制度定位,丰富了制度内涵。2021年,习近平总书记对民主问题与全过程人民民主作出深入系统阐述,对发展全过程人民民主提出明确要求。在新的指示和要求下,构建街道议政代表会制度也有了新的时代背景和现实意义。

(一)构建街道议政代表会制度是贯彻落实中央人大工作会议精神、践行全过程人民民主的具体举措

2021年10月,在首次召开的中央人大工作会议上,习近平总书记从发展社会主义民主政治、全面建设社会主义现代化国家的战略高度,系统阐述了全过程人民民主的重大论断,深刻回答了坚持和发展人民代表大会制度的一系列重大理论和重大实践问题,提出了新时代人大工作的主要任务。人民代表大会制度作为实现全过程人民民主的重要制度载体,要在根本政治制度的运行中生动体现全过程人民民主,要在法治轨道上扎实推进各领域各层次的全过程人民民主。建立运行街道议政代表会制度,通过有序的途径、渠道、方式、程序,畅通人民群众利益诉求表达渠道,把人民当家作主具体地、现实地体现到街道工作中,保障实现全链条、全方位、全覆盖的人民民主,是深入贯彻习近平总书记关于坚持和完善人民代表大会制度的重要思想,践行全过程人民民主的具体举措和生动实践。

(二)构建街道议政代表会制度是加强基层治理体系和治理能力现代化建设、增强街道议事协商能力的工作需要

改革开放以来,伴随着我国城镇化进程不断加快,城乡基层社会结构、组织形态、生产方式也都随之发生深刻变化。在城镇化浪潮中,街道作为推进国家治理体系和治理能力现代化的重要力量,需要通过不断丰富民主形式、拓宽民主渠道来推进基层民主政治新发展。《中共中央 国务院关于加强基层治理体系和治理能力现代化建设的意见》明确提出,要增强街道议事协商能力,并对完善基层民主协商制度提出了具体要求。近年来,栖霞不断推进基层治理手段、治理模式、治理理念革新,各街道多项基层善治的实践成效上升为制度成果,栖霞获批国家智能社会治理试验基地,具备推行议政代表会制度的基础和条件。建立运行街道议政代表会,扩大公民有序政治参与,也有利于健全基层治理体制机制,推动街道党工委及办事处科学决策、民主决策、依法决策,促进基层治理体系和治理能力现代化。

(三) 构建街道议政代表会制度是加强新时代地方人大工作、夯实基层人大工作基础的必然要求

长期以来,街道办事处作为区政府派出机构,街道人大工委作为区人大常委会工作机构,没有本级人代会和人大代表,出现了民主政治建设的空缺。各街道不同程度存在基层民意反映通道不畅、对街道办事处工作监督虚化、基层民主政治建设薄弱等问题,人民代表大会制度在基层运行和发挥作用的机制亟待建立完善。《中共江苏省委关于加强新时代人大工作和建设的意见》明确支持在街道探索建立议政代表会制度,省人大常委会出台的《关于推行街道议政代表会制度的指导意见》则为街道议政代表会的构建和推行提供了政策保障。建立运行街道议政代表会,实现民众对街道办事处工作的有效监督,可以解决街道本级没有人大代表,无法召开人代会表决、审议工作报告和各项决议,以及街道人大工作缺乏抓手和力量偏弱等问题,从而激发街道人大工委工作活力,同时也有利于总结、推广基层有益经验,提升全区人大工作整体水平。

二、栖霞区构建街道议政代表会制度的探索与实践

栖霞区人大常委会坚持宪法精神和法律原则,认真落实上级人大要求部署,积极支持和指导全区九个街道试行议政代表会制度,在构建代表议政平台、畅通政情民意渠道、推进基层民主政治建设方面进行了一系列有益探索,取得了积极成效,积累了一定经验。

(一) 调研先行、细化规定,制度运行有章可循

栖霞地处宁镇扬同城化核心区,城乡二元重叠、资源条块分割、社会结构复杂、民生诉求多样、社会治理任务繁重,城区街道和涉农街道在经济体量、财力状况、人大工作的基础和条件等方面不尽相同。区人大常委会深入研究《中共江苏省委关于加强新时代人大工作和建设的意见》《中共南京市人大常委会党组关于建立街道议政代表会制度的实施意见》,成立专题调研组,围绕基层

人大参与区域社会治理的履职模式、进一步加强街道人大监督工作等,赴各街道开展调研,了解现实状况,摸清实情底数,为因地制宜开展针对性制度设计夯实基础。在切实领会上级人大意见精神、立足栖霞基层社会治理实践、吸收借鉴外地先进经验的基础上,研究制定《中共南京市栖霞区人大常委会党组关于建立街道议政代表会制度的实施意见》。

根据市人大指导意见,栖霞区人大结合区域实际,在本区街道议政代表会制度实施意见中,进一步明确了议政代表会的主要任务、议政代表提出意见建议的处理办法、议政代表会会议及闭会期间的工作职责、议政代表会的运行保障机制等。指导各街道议政代表会听取街道办事处关于本辖区经济社会发展、财政收支、重点项目安排及执行等情况的通报,对辖区内事关人民群众切身利益和社会普遍关注的重大问题的专项情况通报,以及街道人大工委工作情况的通报,并进行讨论,提出意见建议;对街道办事处及区人民政府有关部门、司法机关派驻街道工作机构的相关工作开展民主评议;对本辖区的年度民生实事项目进行会商,并加强监督,推动落实;就街道党工委、办事处认为需要的事项开展协商等。通过因地制宜建立议政代表会议制度,形成组织架构和工作脉络,为制度运行夯实了基础,使工作开展有抓手、好操作、能持久。

(二)精选队伍、有效引领,部署推进有的放矢

议政代表是街道议政代表会的主体,选出一支代表性强、素质过硬、群众认可的议政代表队伍,对于发挥街道人大工委和议政代表会作用至关重要。为把好议政代表入口关,区人大常委会指导各街道按照"两考虑一遵循"原则,产生了以辖区各级人大代表为骨干,以街道相关部门、企事业单位、社区或行政村等各方面代表性人士为补充的议政代表40—60名。即具体考虑职业、性别、年龄、文化程度等相关因素,考虑人选是否具备政治素质过硬、群众基础较好、议政能力较强、工作积极热心等条件,遵循"民主推荐、资格联审、公示聘任"的程序规范。全区9个街道共聘任议政代表440名,均顺利召开第一届议政代表会第一次会议。

为服务保障议政代表会制度有序运行,区人大常委会在下发实施意见后,先后召开专题工作部署会、学习培训会、街道人大联席会等,对实施意见进行详细解读,对工作开展进行具体指导。通过建立区街两级纵向联动培训机制,创新代表小组横向进阶培训模式,安排具有丰富履职经验的优秀市、区连任代

表现身说法,以及代表结对等方式打造"传帮带",促进议政代表队伍整体素质提升。注重配备熟悉人大工作和相关专业领域的负责人,优化街道人大干部队伍结构,确保街道议政代表会在建立初期即可有序运行,在街道、人大与群众之间形成畅通高效的民意传达通道。此外,将议政代表统一纳入人大代表服务管理范畴,定期邀请街道议政代表参与区人大常委会统一组织的调研视察、执法检查等活动,把议政代表活动经费纳入财政预算,促进议政代表会制度有效落地。

(三) 数字赋能、守正创新,基层实践有声有色

区人大常委会立足"网格化+""掌上云+""标准化+"等基层治理创新实践,积极探索议政代表会履职新模式,同时引导各街道结合基层实际,探索更接地气、更近民心的议政代表会运行机制,形成了各具特色的工作方法。

1. 数字赋能的"智慧履职载体"

栖霞区人大常委会在开展代表工作中,除建立38个"家站点"平台、500余处各类基层联系阵地外,还依托覆盖全区9个街道、126个社区,建群1 345个、入群人数超30万人,政社共建、街社协同、共治共享的新平台"掌上云社区",创建了"人大代表走进云社区"履职载体。区人大常委会指导各街道充分运用这一载体,分批次组织议政代表线上联系接待群众,开展"云漫谈""云议事""云协商",及时听取并反映人民群众对区政府及街道各方面工作的意见建议,定期将"掌上云社区"智能抓取的社情民意更新录入"议政工作信息库",通过"意见汇总—代表分工—受理处置—跟踪督办—反馈评价"的工作流程,形成"平台及时发现—系统及时转办—问题协同办理—代表跟踪问效"的处置机制。借助"云社区"这一"智慧履职载体",有效完善了人民群众民主民意表达平台,拓宽了议政代表吸纳民意、汇集民智的渠道。

2. 党建引领的"网格议政平台"

仙林街道人大工委依托网格化社会治理新模式,将发展全过程人民民主贯穿履职行权和自身建设的全过程,充分发挥各级人大代表和议政代表作用,着力解决群众关心的民生诉求、社会矛盾和发展难题,推进基层民主法治建设。在全区率先建立街道议政代表会制度,结合仙林地区高校科研院所众多的资源禀赋,吸纳群众基础好、专业水平高、议政能力强的代表性人士共同参

与。将议政代表工作纳入网格,推动议政代表和网格员、居民志愿者一起,发扬"硬着头皮、磨破嘴皮、饿着肚皮、踏破脚皮"的"四皮"精神,通过"进万家门、访万家情、送万家暖、结万家亲"的"四万"走访活动,及时了解群众所思所想所求。组织议政代表参加网格联席及居民议事会议,让议政代表在网格一线倾听群众诉求、接受群众监督、努力服务群众,实现"人到格中去、事在网中办、难在网中解、情在网中结"的目标。

3. 精准分类的"靶向监督模式"

为更好发挥议政代表广泛收集民意、积极建言献策、开展监督评议的作用,尧化街道人大工委按照代表职务、专业、特长以及本人意愿,将43名议政代表分成重点项目、民生保障、社会治理三个监督小组。针对第一次议政代表会议期间议政代表们提出的17条意见建议,尧化街道人大工委逐条进行梳理分类,按类别分配给三个监督小组,由各小组分别负责相应的日常监督。在精准分类的同时,街道推行议政代表"民情账本",号召代表们盯准问题、盯紧热点、盯牢举措,积极建言献策,跟踪推动落实,以走网格、记民情、及时办、能反馈的工作模式,推动从解决一个问题到解决一类问题,实现对社区治理的"靶向监督"。目前街道议政代表提出的"排查老旧小区房屋安全隐患""加强道路周边环境整治""合理划分小区出新后新设车位"等意见建议均得到了落实,议政代表们对街道工作的民主协商、民主决策、民主监督逐步得到加强。

4. 紧贴民生的"监督工作闭环"

民生实事项目事关广大群众的切身利益,是群众获得感、幸福感的直接体现。燕子矶街道吸纳议政代表会成员组建民生实事项目监督组,组织议政代表与人大代表"同走""同看""同议",动员议政代表自觉主动当好民生实事项目的"调研员""监督员",形成了齐心协力共同推进项目实施的强大声势。议政代表通过听取专项工作报告、随机查访、现场调研、参加"家站点"活动、开展质效评估等,对项目进行全程跟踪。对不符合序时进度的情况及时提醒督促,对建设标准不能满足实际需求的情况提出具体整改意见,要求相关部门在规定时限内进行整改并书面答复。通过"闭环式监督",有效推动相关部门按照任务清单、责任清单和时间节点,抓好民生实事项目的落地落实,更加广泛、更多层次地满足人民群众的美好生活需要。

三、街道议政代表会制度运行中存在的问题

从栖霞实践来看,构建街道议政代表会制度,在丰富基层人大工作内涵、践行全过程人民民主、推进基层治理体系和治理能力现代化方面都发挥了积极作用。但作为基层民主政治建设的创新探索,实践中还面临着一些问题和困惑。

(一) 法律支撑不足,顶层设计有待优化

在法律规范的框架内进行制度创设和实际运行,是议政代表会制度的基本前提。然而,相较于原先的乡镇人代会,街道议政代表会不属于宪法和法律规定的国家政权组织形式,相关法律依据只有宪法规定的"人民依照法律规定,通过各种途径和形式,管理国家事务,管理经济和文化事业,管理社会事务"以及地方组织法规定的"街道人大工委根据人大常委会授权,开展监督工作"。由于缺乏明确具体的法律依据,议政代表会制制度约束力不强,议政代表所提意见建议的答复和落实缺乏保障,议政代表参政议政及监督活动的有效性受到影响。此外,目前议政代表会制度的构建和运行主要依照省人大的指导意见和市区人大的实施意见,然而相关意见较为笼统,对于议政代表会与区人大常委会、街道党工委、街道办事处、街道人大工委"四方"的关系,"四方"在制度运行中的具体职责,以及"四方"如何通过议政代表会制度践行全过程人民民主、推进基层治理现代化等未作出明确的规范和指引。

(二) 工作力量薄弱,自身建设有待加强

根据实施意见规定,议政代表的聘任、议政代表会议的召集和主持由街道人大工委负责。这就意味着,街道人大工委是街道议政代表会制度最重要的实施主体。然而在工作实践中,人手不够、专人不"专"是街道人大工委长期面临的现实问题。街道人大工委虽配备了专职主任,但本人的精力往往被街道党工委、办事处安排的其他工作占据,在履行原本的联系服务代表、贯彻落实区人大常委会工作部署、畅通民情民意等职责时就已经备感压力,面对新的工作任务,更显力不从心。此外,各街道人大工委工作开展质量的高低,除了取决于市区人大常委会的统一部署,还很大程度上取决于街道人大工委负责同

志本身的思想认识和工作能力。这就造成了有些街道在推进议政代表会工作中不仅成效明显还富有特色,但有些街道在推进过程中则存在畏难情绪,仅仅满足于完成任务,实际效果不佳。

(三)履职能力不强,制度效能有待发挥

当前,议政代表中除四分之一左右的人大代表外,其他代表大多来自基层一线,缺乏参政议政经验,履职积极性不高。有的代表虽精通于自身工作的领域,但对经济、法律知识知之甚少,参政议政能力薄弱,开展活动时只能人云亦云、随声附和,缺乏独到见解和理性分析。有的街道在组织代表活动时形式较为单一,开展调研、视察等活动通常只安排半天时间,议政代表在短时间内要了解清楚情况、准确发现问题、提出意见建议,难度较大。加之实施意见对议政代表履职缺乏明确有效的管理方法,履职情况很大程度上依靠代表自觉,导致代表作用发挥不够充分。此外,相较于人大代表,议政代表的工作形式更类似于发扬民主、开展协商,其主要任务是提出意见建议、开展民主评议,而不能作出有约束力的决定决议,更无法使用质询、特定问题调查、撤职等刚性监督手段,导致街道和部门容易出现不自觉接受或不配合监督的情况,代表履职的底气不足。

四、完善新形势下街道议政代表会制度的几点思考

为更加有效发挥街道议政代表会制度效能,不断加强基层人大工作和民主政治建设,有力践行全过程人民民主,需要以习近平新时代中国特色社会主义思想为指导,进一步深化理论研究和实践探索,在制度规定和机制运行上予以完善。

(一)完善顶层设计,夯实全过程人民民主制度根基

基层是中国特色社会主义民主政治的根基所在,随着社会治理重心不断向基层下移,涉及人民群众利益的大量工作和决策发生在基层,全民共建共治共享的社会治理格局构建在基层,全过程人民民主最直接、最广泛、最生动的实践也在基层。一是要深化认识,将构建和完善街道议政代表会制度放到践行全过程人民民主上来统筹考虑和研究。通过不断扩大人民的政治参与,丰

富人民的民主生活,推动社会主义民主的价值和理念进一步转化为科学有效的制度安排和具体现实的民主实践,使人民当家作主更好地体现在国家政治生活和社会生活之中,从而更好地引领、推动社会主义民主政治建设。二是要推动立法,加强对街道人大工作以及街道议政会工作的调研。通过立法明确街道议政代表会的地位和作用,细化工作职责,使议政代表会制度的运行有法可依,实现区人大常委会的有力领导,以及街道党工委、办事处、人大工委和议政代表"四位一体"的良性互动。三是要完善制度,进一步细化区人大实施意见和各街道议政代表会议议事规则,及时总结各街道在工作方式、工作机制上的创新举措和值得推广的经验做法,形成监督清单制度、建议办理制度、小组活动制度、学习培训制度、代表述职制度等。通过建章立制,确保议政代表会制度化、规范化运作,让议政代表会制度走深走实,行稳致远。

(二) 强化组织引领,加强街道人大工作保障

一方面,区人大常委会要把街道人大工作、街道议政代表会工作纳入常委会的总体工作布局和年度工作要点,强化工作协调和业务指导,加强目标管理和实绩考核,推动街道人大工作有序开展。在具体工作中,除人代联委和街道人大工委保持日常联系外,常委会各委室,特别是人大专门委员会也应加强对街道人大工作和议政代表工作的联系指导。如财经委和街道人大工委联动开展街道预决算审查监督;社会委邀请议政代表参与社会建设社区(村)观察点的建设运行;法制委组织议政代表参与基层立法联系点调研等。另一方面,进一步加强街道人大工委组织建设,重视街道人大工委主任人选的配备,挑选本领过硬、勇于担当、富有创新意识的人才来负责人大工作。同时加强街道人大工委办公室建设,选好、配强、稳定街道人大工委工作人员队伍,确保每个街道有专职工作人员,每个社区有兼职人大工作人员,实现定岗、定编、定责。目前,各街道人大工委都配备有委员,要充分发挥委员作用,协助街道人大工委更好开展工作。

(三) 加强队伍建设,筑牢议政代表履职基础

一是秉持议政代表为人民的精神和原则,进一步优化议政代表产生程序,选拔参政议政能力较强的人充实队伍,注重吸纳熟悉经济、法律、社会工作方面的人才,组建形成知识库、人才库,并可根据专业特长分成工作小组,方便有

针对性地开展工作,提高参政议政质效,拓展议政代表履职的广度和深度。二是将议政代表学习培训纳入工作计划,形成规范的培训制度。通过多种渠道和方式搭建学习平台,如市、区人大定期举办街道人大工委工作座谈会以及参政议政工作研讨会,推动各区各街道相互借鉴,及时推广好的经验做法;加强对外交流,学习外地优秀经验做法,提高议政代表工作先进性;组织代表进高校学习,或邀请专家学者授课,不断提高参政议政水平。三是充分利用各类信息平台,大力宣传议政代表会制度、议政代表履职工作以及优秀代表履职风采,扩大社会影响力和认可度,提升群众向议政代表表达民声诉求的意愿,提高议政代表对身份和履职的认同感。

(四）优化工作举措,提高议政代表履职效能

一是优化会议流程,将每年召开两次的议政代表会议作为代表履职的重要载体,做到会前精心准备,提前筹划和审定会议内容及程序,组织代表深入开展走访调研,广泛听取群众的意见和呼声,掌握翔实的第一手资料,为会议期间提出意见建议做好准备工作;会中规范程序,明确会议日程、丰富会议议程、充实会议内容,落实好听取报告、分组讨论、交流发言等各环节,切实提高会议质量;会后抓好督办,通过常态化联络办理单位,组织代表开展全过程监督等,确保代表意见建议真正得到落实和改进。二是提高活动质效,注重选择和常委会议题有联系、和本街道中心工作有呼应、和百姓民生相贴近的主题开展活动。可以在年初确定几项年度重点活动项目并列出具体时间表,让议政代表提前知晓,在时间、知识储备和了解民意上提前充分准备,以此提高现场活动质量。在开展街道预决算审查监督、立法征求意见等专业性强的工作中,邀请专业人士进行辅导,提供专业意见供代表参考。三是发挥现有平台效用,将议政代表工作融入其中,为平台赋予更多功能。当前,人大代表之家、人大代表工作站、人大代表联络点等以人大代表为主体的基层民主制度已经有了较为充分的发展,拥有完善的场地和工作机制,要充分利用好、融入好。此外,依托"网格化+""掌上云+"等基层创新治理平台,组织议政代表开展进网格、进线上代表履职平台、进"12345"热线等活动,打破代表联系群众的时间、空间局限,充分将议政代表履职嵌入基层治理体系,推动议政代表更好地植根百姓,为群众解难。

全面推进栖霞区产业工人队伍建设改革的调研与思考

栖霞区总工会课题组、南京财经大学工商管理学院指导组[①]

工人阶级是我国的领导阶级,而产业工人是工人阶级中发挥支撑作用的主体力量,推进产业工人队伍建设改革是发展和巩固执政基础的迫切需要,也是实施制造业强国战略、振兴实体经济的重要支撑。党的十八大以来,习近平总书记站在党和国家工作全局的战略高度,就产业工人队伍建设作出一系列重要论述,明确要求就新时期产业工人队伍建设改革提出总体思路和系统方案,为推进新时期产业工人队伍建设改革提供了基本遵循和行动指南。把思想和行动统一到党中央的决策部署上来,推进产业工人队伍建设改革,是当前一项重要而紧迫的任务。

一、现阶段产业工人队伍发展存在的问题

前期,围绕产业工人思想动态、经济待遇、技能培训、职业发展、工作环境和权益保障等方面,课题组深入辖区内街道、园区、企业开展调研,设计企业版和产业工人版两套《产业工人队伍建设改革调查问卷》,累计走访企业78家,召开座谈会26场,78名企业管理人员、486名产业工人参加问卷调查,涉及产业工人5 980人。通过对调研结果的分析,课题组认为,当前,产业工人队伍发展主要存在以下问题:

[①] 课题负责人:徐兴东　专家指导:张文勤
本文在2022年度栖霞区"校地党校工作联盟"课题调研评奖中获二等奖。

（一）价值观念多样变化，产业工人凝聚力亟须提升

区内流动人口数量大，受到用工性质、户籍地等因素影响，产业工人归属感不够强，且随着社会观念日益多元化，产业工人的思想观念也日益复杂，对传统说教式的教育接受度不高，产业工人思想难统一。

（二）主人翁意识淡化，工人阶级的先进性体现不足

随着市场经济的发展，就业方式、利益关系和分配方式发生深刻变化，企业更多地关注效益，对职工的要求更多关注生产效率，对政治层面的关注度降低，导致部分产业工人出现政治意识淡化的问题。

（三）一线生产岗位吸引力下降，产业工人流失严重

受就业观念、收入水平、社会地位等因素影响，产业工人在经济社会中的弱势地位较为突出，很多青壮年不愿意到一线生产岗位，导致劳动者就业难和企业招工难的双重矛盾。

（四）高技能人才缺失，产业工人技能素质存在短板

高技能人才占劳动者比例不高，缺乏系统专业培训体系和奖励激励机制，有些企业存在培养不出高技能人才或留不住高技能人才的困难。

二、栖霞全面推进产业工人队伍建设改革的主要举措

栖霞区是南京市重要的产业大区，区内现代农业、先进制造业、高端服务业三种业态并存，产业工人队伍规模庞大。2020年以来，栖霞区认真落实新时代产业工人队伍建设改革要求，将产改工作纳入区委全面深化改革工作要点、区"十四五"规划，及时部署、统筹推进，着力探索契合栖霞实际的改革路径。

（一）强化顶层设计，构建推进产改的领导体系

把产业工人队伍建设改革作为践行"两个维护"、全面深化改革的重要政治任务。建立新时代栖霞产业工人队伍建设改革工作联席会议制度，办公室设在区总工会，区委副书记任召集人，10家单位及分管领导为成员单位和组成

人员。定期召开区委书记专题会议,研究产业工人队伍建设改革工作。构建党委领导、工会牵头、党政相关职能部门协同的组织体系,形成横向合作、纵向联动共同推动产业工人队伍建设的工作格局。

(二)强化政治引领,引领产业工人听党话跟党走

把政治建设放在首位,以党的建设引领产业工人队伍建设。落实省总工会深化工会改革重点机制建设要求,制定《探索建立栖霞区党建、工建、产改一体化推进机制的实施意见》和《项目清单》,提高产改综合效能,省总工会下发通知,在全省推广经验做法。强化部门配合,全省首家出台《高质量党建带群建实施意见》,构建"四带四联"工作机制,重点打造了100家党工服务阵地,为产业工人提供学习交流平台;推出100个党工共建微服务项目,激发产业工人创新潜能;确定100家重点联系非公企业,筑牢广泛的产改工作基础。2020年,全省工会深化"三创争两提升"活动暨党建带工建"重整行装再出发"研讨会在栖霞召开,栖霞区围绕党工共建的探索与实践进行大会交流发言,南京银茂铅锌矿业有限公司和南京长江工业炉科技集团有限公司被命名为全省党建带工建"三创争两提升"活动示范单位,《持续激活"五根"链条,聚力打造工会版社会治理"枫桥经验"》项目获全省工会"庆建党百年·推动新时代党建带工建创新发展"优秀成果奖。全国总工会书记处书记、党组成员、组织部部长张茂华等领导专题调研指导。加大产业工人思想引领,开展"劳模工匠进校园思政教师进企业"双进活动,组建由各级劳模、先进工作者和党校教师等27名同志组成的讲师团,深入企业、车间、基层一线开展宣讲,把党的创新理论送到产业工人身边。2020年以来,全区已累计开展宣讲237场,1万余名职工、师生参与。

(三)强化建功立业,发挥产业工人主力军作用

大力开展劳动和技能竞赛,发挥劳模先进引领作用,激发产业工人干事创业热情,汇聚发展力量。发挥劳动竞赛牵引作用。动员广大产业工人积极投身"建功'十四五'、奋进新时代"主题劳动和技能竞赛,完善"培训、竞赛、表彰"一体竞赛机制,搭建"区级、行业、企业"三级竞赛体系,组织开展全区快递行业、幼教行业技能竞赛,联合举办妇幼健康、人社窗口技能竞赛,提高全行业技能水平。发挥创新工作室示范作用。大力推进劳模(职工)创新工作室建设,

连续三年印发工作意见。截至目前,全区共创建各级创新工作室 106 家,构建了省、市、区三级劳模、职工创新工作体系,周福安劳模创新工作室被评为"江苏省示范性劳模创新工作室"。发挥劳模先进聚智汇力作用。成立 5 个劳模(五一劳动奖章人才)创新工作组和临时党支部,每个工作组由 1 名全国或省、市劳模任组长,相关领域的劳模、专家及先进典型为组员,开展精准扶贫、科技创新、助学帮扶、社会治理等工作,区委区政府在政策、资金、服务等方面给予支持,着力构建以劳模创新工作撬动引领产业工人队伍建设改革的工作格局。精准扶贫工作组"一棵葡萄•一个梦想"项目,助力八卦洲街道部分农民每年每户增收 9 000 元以上,帮助山西壶关 48 户困难家庭精准脱贫,项目获全国工会扶贫短视频故事征集活动三等奖和江苏省服务职工优质项目一等奖。

(四)强化素质提升,拓宽产业工人成才渠道

把造就一支知识型、技能型、创新型产业工人大军作为改革的一项重点任务。坚持试点先行,在南京银茂铅锌矿业有限公司开展新型师徒"传帮带"试点,建立帮带目标责任制,通过党员带会员、劳模带班组长、班组长带技术员,打造人才梯队,先后产生 5 项发明专利,1 人获市职工发明专利奖,1 人被评为市劳动模范,企业净利润和职工收入均保持年均增长 10% 以上。强化部门协同,充分调动各产改联席会议成员单位积极性,区委组织部制定《栖霞区非公有制企业和社会组织党务工作者专业化建设管理办法(试行)》,推进"四级五专"的"两新"组织党务工作者专业化建设,区总工会联合区人社局、区科技局等部门,连续两年开展职工优秀科技创新成果、先进操作法评选,并对创新项目进行表彰和奖励支持,17 人荣获区级技术能手、五一创新能手等称号。深化校政企合作,与南京工业职业技术大学签署合作协议,实施产业工人"火种"计划,开办新时代栖霞产业工人素质提升专题培训班,采取"课堂教学＋实操技能鉴定＋创新项目实践"形式,从政治素养、职业素养、专业技能、创新能力、攻坚克难能力 5 个方面,开办 4 期培训班,全区 70 多家企业 1 200 余人次产业工人参加培训,催化产生技术创新项目 9 个,年产生经济效益 800 余万元。区人社局探索"校企合作、共育英才"机制,在南京信息职业技术学院、南京工业职业技术大学、南京信息工程技工学校等创建产业技能人才培养实训基地,南京恒电电子公司、金陵石化建筑安装公司等签约合作,实现校企资源共享、优势互补。

（五）强化权益维护，保障产业工人主人翁地位

把维护产业工人切身利益作为产改的重要内容，保障产业工人体面劳动、全面发展、舒心生活。织密服务网络。推广建立工会救助、基层协助、社会（企业）参与的合作救助模式，加大互助互济保险工作力度，全区300多家企事业单位近2.5万人参保。组建117支职工志愿服务队伍，开展百场"跟党走、学先进、爱传递"职工志愿服务行动，形成各展所长、相互支持、职工互助局面。加强新业态劳动者服务保障，为区内660名快递员、送餐员赠送保险，组织515名快递员、保安员参加免费体检。做实服务举措。连续三年召开集体协商观摩推进会，聘请专职集体协商指导员，制定《栖霞区集体协商指导员管理办法》，开展集体协商"春、秋季要约行动"。2020年以来全区共有44家企业被评为"南京市集体协商质效评估三星级企业"。南京长江工业炉科技集团积极开展"能级工资"集体协商，把职工提高技能等级、开展发明创造等内容纳入薪酬标准，保障产业工人技高者多得、多劳者多得。加大"安康·爱心驿站（点）"规范化、制度化建设力度，建成并投入使用服务站点101个，评定区级"星级驿站（点）"11家，仙林街道户外劳动者服务站荣获全国最美站点和省五星级"安康·爱心驿站"，2家荣获省级最美站点。关注职工心理健康，与专业机构合作，实施"职工心理关爱服务"项目，开展送心理讲座进基层和免费心理咨询服务。畅通维权渠道。与江阴市总工会签署全省工会系统首个异地法律援助协作协议，为产业工人异地维权提供便利；聘请专业律师，开展送法律"体检"进企业活动，对企业劳动用工等方面进行专项体检，指导企业依法规范用工。建成仲裁庭、调解室、咨询室、普法室"一庭三室"维权服务平台，在全市区级层面首次实现了"工会＋人社"全方位资源整合。2020年以来，依法审结案件186件，为职工挽回各项经济损失693多万元，荣获全省工会第一批"三化"建设成效明显职工法律援助中心。全国总工会法律工作部进行专题调研并给予充分肯定。

三、推进产业工人队伍建设改革向纵深发展的有益启示

总结栖霞在推进产业工人队伍建设改革的有益经验，主要有以下几点启示：

启示一：必须始终坚持党的领导。栖霞区产业工人队伍建设改革之所以取得积极成效，从根本上说，是区委正确领导的结果，只有始终坚持党的领导这一原则，把区委的决策部署和改革路线图落到实处，才能确保产业工人队伍建设改革取得实实在在的成效。

启示二：必须坚持以产业工人为中心的工作导向。产业工人是改革的主体，更是改革的推动者和受益者。只有紧贴产业工人的特点和实际需求来谋划和推进改革，才能充分激发产业工人积极性，推动产业工人队伍建设改革行稳致远。

启示三：必须凝聚改革的工作合力。产业工人队伍建设改革是一项涉及多领域、多部门的重大改革。必须发挥联席会议制度作用，形成党委统一领导、工会牵头抓总、各有关部门各司其职、企业积极参与的工作格局，才能形成推动改革的强大合力，围绕改革目标长期坚持、常态落实，为产业工人队伍建设改革持续注入澎湃动能。

启示四：必须注重点面结合。把试点先行与全面推进相结合，在重点课题、重点领域、重要环节开展试点，充分发挥试点的示范、引领、突破、带动作用，以点带面，实现点面相互促进，不断拓展改革的广度和深度。

深化推广仙林新时代"枫桥经验"城市版推进栖霞区社区(村)干部队伍治理能力建设调研报告

栖霞区委组织部课题组、南京财经大学公共管理学院指导组[①]

近年来,南京市栖霞区仙林街道主动适应城市转型与社会治理创新需求,充分发挥党的组织优势,走出了党建引领城市基层治理新路子,被中组部誉为新时代"枫桥经验"城市版。学习仙林经验,根本的就是要充分发挥街道社区党组织的领导作用,把"做强街道、做优社区"作为优化治理的关键,真正让街道社区成为基层社会治理的轴心和枢纽。而做好社区(村)工作,离不开一支结构合理、素质优良、能力突出、群众满意的基层干部队伍。本文从当前做法、存在问题、今后思路举措和优化路径等角度,对如何学习仙林经验、系统提升全区社区(村)干部队伍治理能力进行了思考。

一、全区社区(村)干部队伍建设的基本情况、主要做法成效

南京市栖霞区地处宁镇扬一体化核心区,城乡二元重叠、社会结构复杂、民生诉求多样、社会治理任务繁重。社区(村)是全区改革发展的主战场、维护稳定的第一线,社区(村)党组织是全区基层组织系统建设的根基、整体建设的根本。目前,栖霞区共有9个街道,127个社区(村)。近年来,区委立足城乡发展新特点、基层治理新要求、基层队伍新情况,不断提增党建引领效能,把抓好

---

① 课题负责人:翟朝阳　祝阳平　专家指导:赵强
本文在2022年度栖霞区"校地党校工作联盟"课题调研评奖中获二等奖。

"基本队伍"摆在首位,围绕部署实施"强基工程"、"基层组织建设年"、服务型基层党组织建设、基层党建"五聚焦五落实"三年行动计划,按照三级联动模式,实行"抓街促社区(村)",每年召开专题会议,采取各级书记抓基层党建述职评议、集中整顿软弱涣散基层党组织等形式,区委书记示范带动、带头谋划抓,区委常委分片联系、指导推动抓,"选、育、管、用"多管齐下,为夯实社区(村)基层工作基础、助推区域高质量发展提供了坚实的组织保障。

(一)立足"选得准",把选优配强社区(村)党组织书记作为社区(村)干部队伍建设的重要抓手

坚持新时期好干部标准,按照"三强两好"要求,把选优配强社区(村)党组织书记作为首要任务,涌现了一批善于抓党建促发展的先进典型,1名书记被评为全省"吴仁宝式优秀村书记"、授予"二十年老支书"称号,2名书记获全省"农村基层党建突出贡献奖",2名书记获全区"改革创新奖""攻坚担当奖",近30人次获区以上"两优"等综合表彰。2021年,全区社区(村)"两委"集中换届圆满完成,全面落实书记"区街共管"要求,达到了换优班子、换强书记、换齐人心、换新面貌的综合目标。全区127个社区(村)中,书记主任"一肩挑"122个,比上届增加44.4%,党组织书记平均年龄45岁,下降4%,35岁左右的党组织书记19名,提升8.8%,党组织班子成员中35岁以下的282名,提升17%,"两委"班子中本科以上学历600名,提升7.6%。

(二)立足"能干事",把提高素质作为社区(村)干部队伍建设的基本举措

坚持"请进来"与"走出去"相结合,总结推广仙林"群众工作法",用足用好驻区高校等优质资源,健全社区(村)干部教育培训制度,坚持每年至少举办一期专题培训班,聚焦基层治理现代化和乡村振兴等要求,对社区(村)"两委"正职,特别是基层党组织书记开展全覆盖培训。创新搭建全区社区(村)基层党组织书记"头雁讲坛",以"书记讲给书记听、书记跟着书记学"方式,全方位提高能力素质。依托校地党建联盟开设社区(村)干部高校班,依托省党支部书记学院城市分院(南京)举办社区(村)"两委"正职培训班,建立推广"仙林经验"干部双向挂职制度,选派新提拔干部、优秀年轻干部和社工到仙林街道挂职,从仙林街道选派优秀干部到区相关岗位挂职。依托掌上云社区"云学院"

开展社区(村)干部"线上＋线下"全员培训,做到"头雁高飞带动雁阵齐飞"。

(三)立足"有人干",把储备培养作为社区(村)干部队伍建设的源头活水

畅通后备人才进出口,通过招考社区工作者、吸收返乡创业人员、复员军人等形式建立充实社区(村)后备人才库,跟踪动态管理,不断拓宽来源渠道。按照"一人一档、一街成册、全区建库"的要求,建立社区(村)后备人才近期及中期信息库,实现梯次配备。注重平时考察与集中考核相结合,及时掌握后备力量政治思想和履职情况,对政治素质好、能力较强的,依据相关补选程序大胆启用。健全"一对一"师徒结对"传帮带"等制度,加强后备干部经常性培训,注重在经济发展、疫情防控、社区治理、文明典范城市创建、征迁拆违等重点任务中以实干历练干部。加大后备人才使用,全区社区(村)"两委"换届新当选书记28名,100%来自书记后备人才库,届中补选原则上在后备干部中确定候选人。

(四)立足"想干事",把激发活力作为社区(村)干部队伍建设的有效途径

推进社区工作者职业化体系建设,落实"三岗十八级"薪酬待遇,社区(村)正职、副职、一般社工同级收入水平保持全市靠前。全覆盖推进村书记专业化管理,对33名村党组织书记定级,建立社区(村)党组织书记考核奖惩等制度,全市首家建立社区(村)"两委"正职离职离岗保障办法,面向社区(村)书记、主任、自聘人员开展竞岗比选,通过提拔到国企、平台等区管副职岗位等方式畅通职业发展渠道,同时持续加大从优秀社区(村)书记中招录公务员、选聘事业单位人员力度,让基层干部工作有待遇、离职有保障、干好有前途,首轮选聘20名优秀社区(村)党组织书记纳入事业编制人员管理,入选数量位居全市前列。建立完善区委组织部"周三访书记"和社区(村)书记谈心谈话制度,常委部长、分管部长季度定期谈、街道工委书记全面覆盖谈,了解社区(村)书记思想动态,帮助解决实际困难。积极推荐优秀书记作为"两代表一委员"及各类先进典型人选。

二、目前社区(村)干部队伍建设面临的形势要求

习近平总书记强调,社区(村)是基层基础,只有基础坚固,国家大厦才能

稳固。社区（村）处在一线，直接负责党的建设、社会治理、百姓民生等各方面工作，社区（村）工作事关党在城乡的执政根基，事关群众切身利益，事关社会和谐稳定，"牵一发而动全身"。近年来，中央和省市围绕强化治理、减负增效、队伍建设、待遇保障等印发了一系列文件，召开了一系列会议，对基层做好社区（村）工作提出了新任务、新要求。

（一）大抓城乡基层党建的要求越来越高

党的基层组织是确保党的路线方针政策和决策部署贯彻落实的基础。党的二十大对加强基层党组织建设提出了新任务、新要求，强调要"坚持大抓基层的鲜明导向，抓党建促乡村振兴，加强城市社区党建工作，推进以党建引领基层治理"。只有把党在城乡基层的组织基础不断夯实，把社区（村）基层党组织建设得更加坚强有力，才能更好地推动发展、服务群众，才能不断巩固党的执政根基。《支部工作条例（试行）》等文件对社区（村）党组织进一步强调，要全面领导隶属本社区、本村的各类组织和各项工作，始终坚持和加强党对基层工作和各类组织的全面领导。

（二）推进城乡社会发展的任务越来越重

"上面千根线，下面一根针"，改革发展稳定各项决策部署最终都要落到社区（村）最基层。党的二十大强调要"加强基层组织建设，完善基层直接民主制度体系和工作体系，增强城乡社区群众自我管理、自我服务、自我教育、自我监督的实效"。具体而言，农村基层党组织要在推动农业提质增效、农村环境改善、乡风文明改善、农民增收致富等方面发挥作用，为乡村振兴战略打牢组织振兴基础；社区基层党组织要在城市管理服务、凝聚居民群众、化解社会矛盾、构建和谐社区、推动城市经济社会发展方面发挥作用，积极以党建引领城市基层治理。

（三）回应城乡群众服务的需求越来越新

在新的历史条件下，农村社会群体更加多元，从事农业生产的个体农民、种植大户、外出流动人口、留守孤老儿童等，各种利益关系和利益诉求对农村基层工作提出更高要求；对城市社区而言，区域内各类"两新"组织从业人员，特别是新业态新就业群体人员大量涌现，加强对他们的政治引领和凝聚服务工作,成为新时期党建工作的重要任务。在统筹推进疫情防控和经济社会发展过程中,特别是在有效防控疫情的同时做好群众诉求回应、服务保障、情绪疏导等工作也显得愈发重要。党的工作的核心是人,人的需求多元了、变化了,不简单是吃饱穿暖的问题,更注重安全健康、素质提升和全面发展,这些都离不开一支能干善为的基层社区(村)干部队伍。

三、目前社区(村)干部队伍建设存在的主要问题

新的形势对社区(村)干部队伍的政治建设、能力建设、作风建设等方面都提出了新的要求。对照这些新要求,栖霞区社区(村)干部队伍建设尽管已经取得了一些成效,但存在不少亟待解决的问题,主要是:

(一)履职尽责的能力素质有待进一步提高

在落实党建主体责任上,随着党的十八大以来全面从严治党向基层延伸,特别是党的二十大又对提升基层治理工作提出了新要求。社区(村)党组织书记抓好党建第一责任的主责主业意识、投入明显增强,同时,仍有少数书记对如何落实党组织领导核心作用、党建工作如何引领中心工作融合共进,认识上存在偏差,实践中没有完全落地,有的社区(村)基层党组织有弱化、虚化、边缘化的倾向;近年来巡视巡察反馈也指出,少数书记抓党建工作能力较弱,党建责任制抓得不到位,党内组织生活不健全,党员的教育管理手段比较单一、成效不佳等。在引领发展各项工作上,部分书记"对标找差"的意识较弱,不能紧跟区街整体发展目标、紧盯区内外先进典型,理清本村本社区发展思路,围绕乡村振兴战略、城市基层治理中心工作,缺乏开拓性的研究思考。少数年轻书记工作中处理复杂问题、复杂矛盾的能力不强,组织宣传发动群众、统筹联通各方资源的经验比较欠缺,在群众中缺乏威信。

(二)有效激励保障的措施有待进一步完善

在职务晋升上,受身份、年龄等限制,包括书记在内的社区(村)班子成员普遍存在"天花板"问题。2012年以来,从社区(村)党组织书记被选拔进入街道、部门处以上领导岗位的仅8人,可谓"凤毛麟角"。当前基层治理和服务发展、服务群众的任务越来越重,书记后备人才来源中,除进入"两委"的大学生

村官、大学生社工外,绝大部分人员既没有进入机关事业单位的相关通道,也没有职务晋升的空间。这进一步影响、加剧了基层工作骨干、社工离职现象,社区(村)干部队伍不同程度上存在年龄断层和经验断层问题。在其他激励保障上,尽管栖霞区社区(村)书记整体待遇已分别不低于上年度全市城镇非私营单位从业人员平均工资水平和上年度所在县(市、区)农民人均可支配收入2.3倍标准,初步建立了包括书记在内的社区(村)工作者职业体系,但是相应的社会保障体系还不完善。特别是离职离岗后的大多数书记还依靠街道和社区(村)"土政策",没有更高层面、正常增长的"法定"待遇。前几年制定的部分社区(村)"两委"正职离职离岗待遇实施办法,也因门槛较高,实施以来享受相关待遇人员极少,且待遇标准已经不适应经济发展水平要求。

(三)担当作为的作风形象有待进一步树立

存在不积极担当作为情况。随着改革发展,特别是基层治理等各项工作任务越来越多且都要求落到社区(村),书记需要统揽方方面面工作,工作强度大、工作压力大、工作难度大,一些社区(村)党组织书记对岗位职责和职业价值的认知热情减退,相比街道科室,一些人员不愿意在书记岗位上,也有一些产生"干事就难免犯错,不干事才不会违规",甚至抱着"只要不出事、宁愿不做事"的心态。受职务晋升、待遇保障等因素影响,一些大学生社工等书记后备人才,在社区(村)工作归属感不强,心理落差大,不愿意沉下心扎根社区(村)。存在违纪违法情况。一些社区(村)书记服务群众的意识薄弱,把群众放在工作的对立面;个别书记在应对突发事件、复杂矛盾时,还存在处理不当、激化矛盾的情况,个别社区(村)书记因严重违纪违法被查,少数社区(村)班子成员违纪违法仍时有发生。

四、推进全区社区(村)干部队伍建设的思路举措和工作建议

"火车跑得快,全靠车头带",社区(村)党组织书记是党在农村、社区基层的执政骨干、党员群众的带头人,我们要认真学习仙林经验中关于选拔培养社区(村)基层工作队伍的好做法,特别是仙林"群众工作法",选好育强社区(村)干部队伍,推动全区党建引领基层治理、党建推进乡村振兴水平整体提升,为推进中国式现代化栖霞新实践提供支撑。

(一) 严格规范标准、畅通选任渠道，突出选好配强"领头雁"

健全完善社工职业体系。认真落实"区街共管、区级联审"等制度，制定"区街共管"流程图，规范届中调整程序。落实省市要求，将社区（村）书记纳入，深化落实社工职业体系建设，在初步建立"三岗十八级"体系的基础上，对照市社区工作者、社区（村）星级评定两个文件，结合栖霞区实际，配套出台社区工作者考核办法、社区工作者平时考核办法、社区（村）"两委"正职档案管理办法、社区（村）权责事项清单、社区工作者岗位职责清单等系列文件，同时，修订完善《编外人员员额管理办法》等文件，不断完备社区工作者管理制度体系，加强社工培育培养和激励引导，不断提升栖霞区社工队伍职业体系建设水平。提供充足的后备源头活水。按照每个社区（村）储备1—2名优秀人才的标准，在农村，重点从带富致富能手、专业合作组织负责人、退伍军人等渠道，在城市社区，重点从高校毕业生、社会公益组织负责人、物业公司管理人员等渠道，完善后备人才库。

(二) 优化教育培训、搭建广阔平台，做精能力提升"大课堂"

打造交流特色品牌。持续探索放大全区社区（村）书记"头雁讲坛"效应，内外结合，在本区"书记讲"基础上，开辟"名书记讲坛"，邀请全国和省市优秀社区（村）书记分享先进经验，在更大范围搭建交流沟通平台；上下联通，请民政、住建等与社区（村）联系密切相关部门一同参加，把抓党建抓服务的各类资源力量向下倾斜，协同推进农村、城市领域基层党建工作，将其打造为省市知名、栖霞特色的平台。发挥省党支部书记学院城市分院（南京）在栖霞区仙林街道的优势，结合总结提炼仙林街道做群众工作、服务群众、提升治理的经验做法，系统打造一系列特色精品课程、建设完善一个优质师资库、打造一批市区现场教学基地、编印一批精品培训案例教材、形成一张模块化培训菜单，将其办出特色、办出成效。抓好经常培训历练。发挥党校培训主阵地作用，纳入年度干部培训计划、年度党建考核范围，作为表彰任用重要依据，组织实施社区（村）书记教育培训。积极选送优秀社区（村）党组织书记参加上级组织部门调训，全员覆盖＋重点突出、集中学习＋外出考察结合，按照社区（村）不同类型、书记个体不同情况，分类分批开展针对性专题培训。依托栖霞校地党建联盟，用好辖区高校优质资源，在全区校地干部综合培训体系中开辟"社区（村）

书记班",提升社区(村)党组织书记引领发展能力素质。在机关优秀年轻干部"向下"选派基础上,定期遴选优秀社区(村)书记"向上"到机关部门挂职锻炼,参加跟班学习。区级牵头组织,"强强联合""以强带弱",加强与市区外互派交流锻炼,通过压担子、交任务,提升工作能力。

(三)落实激励举措、加大培养关心,增强干事创业"动力源"

探索拓宽上升空间。积极向上争取,加大从优秀社区(村)党组织书记选任街道领导干部力度,继续做好选聘优秀社区(村)党组织书记纳入事业编制人员管理工作,拓宽优秀基层干部成长发展空间。树立鲜明的选任导向,坚持一把尺"量才"、多渠道"用才",对符合身份条件、表现优秀的社区(村)干部,探索拓宽提拔为区管领导干部的渠道,对部分身份受限的两委正职,将其中合适的人选选任到区级园区企业、平台任职;进一步联动三区资源,推荐到开发区、大学城任职,通过案例示范,优秀社区(村)干部看到自身发展的希望。强化正向鼓励激励。发挥兜底式财力保障作用,按照新的"三岗十八级"岗位等级和基本工资系数进行套改准备工作,按照待遇不降、总量控制的原则,重新调整薪酬结构,核算基本工资和绩效工资。推动将包括书记在内的在职社区(村)"两委"成员基本报酬全部纳入区级财政统筹,为所有在职社区(村)书记办理基本养老保险、医疗保险、企业年金等,落实符合条件的书记离职离岗待遇保障,为社区(村)干部解决后顾之忧,鼓励激励书记扎根基层、担当作为。综合用好荣誉激励和物质奖励举措,持续开展"改革创新之星、攻坚担当之星"评选、"双百双千"评选,抓住全省村书记"百名示范、千名领先、万名骨干"工程,积极发现并选树先进典型,加大宣传力度,营造良好氛围,切实增强书记职业荣誉感。

新形势下栖霞区工商联服务民营经济高质量发展途径研究

栖霞区委统战部课题组、南京财经大学会计学院指导组、
南京大学政府管理学院指导组[①]

当前,我国经济发展面临前所未有的复杂局面。从外部看,世界处于百年未有之大变局,国际环境日趋复杂,全球动荡源和风险点显著增多。经济全球化遭遇逆流,国际经济循环格局发生深度调整,单边主义、保护主义抬头,供应链、产业链的安全和稳定受到很大冲击。从内部看,受需求收缩、预期转弱等影响,我国经济下行压力加大,一些市场主体特别是中小微企业面临的困难明显增多。新冠肺炎疫情的变化加剧了不确定性,统筹发展和安全的动态平衡任务艰巨。在此背景下,身处民营经济统战第一线的基层工商联工作面临严峻考验。研究如何利用基层工商联人才荟萃、联系广泛的优势,服务民营经济高质量发展显得尤为迫切。

本报告以栖霞区工商联为例,分析新形势下基层工商联服务民营经济发展的可能路径。近年来,栖霞区工商联坚持以习近平新时代中国特色社会主义思想为指导,在省、市工商联的精心指导下,紧贴形势任务新变化,紧盯职能使命新要求,紧扣促进"两个健康"工作主题,锐意进取、砥砺前行,积极探索服务民营经济发展的创新工作机制,年内相继获评"2017—2021年江苏省工商联系统先进集体"和"全国'五好'标杆县级工商联"。本报告将从栖霞区的实际

[①] 课题负责人:彭中华 专家指导:卜金涛 黄杰
本文在2022年度栖霞区"校地党校工作联盟"课题调研评奖中获三等奖。

出发,结合基层工商联职责定位,侧重展示栖霞区工商联服务民营经济发展取得的成效与存在的挑战,并在此基础上为基层工商联更好履行时代任务提供若干前瞻性、基础性的建议。

一、做好基层工商联工作的重要性和必要性

工商联是中国共产党领导的以民营企业和民营经济人士为主体的人民团体和商会组织,是党和政府联系民营经济人士的桥梁纽带。基层工商联处在民营经济领域统战工作、促进"两个健康"的第一线,是工商联工作的基础。在新形势下,做好基层工商联工作对于加强党对民营经济领域统战工作领导、促进民营经济高质量发展、实现工商联事业的长远发展都有十分重要的意义。

(一) 加强党对民营经济统战工作领导的必然要求

《关于加强和改进新形势下工商联工作的意见》明确指出,引导民营经济人士等新的社会阶层健康成长,不断扩大我们党执政的群众基础和社会基础,是新时期统一战线工作的重要着力点,是工商联工作的生命线。作为工商联的基层组织,区县工商联直接联系和面向民营经济人士,是所有民营经济统战工作的落脚点和前沿阵地。以江苏为例,目前民营经济市场主体已经超过1 100万家,各类商会组织已达4 325家。其中,七成以上的市场主体、六成以上的商会组织都在区县。正因此,开展民营经济统战工作,将党中央决策部署落实到民营经济领域,必须加强基层工商联的建设。

(二) 新时代推动民营经济高质量发展的现实需要

进入新时代,我国经济已由高速增长阶段转向高质量发展阶段,民营经济发展也面临转型升级的巨大挑战。作为党和政府做好民营经济工作的助手,工商联肩负引导民营企业深化改革、支持民营企业加强创新、切实减轻民营企业负担,构建亲清政商关系的重任。特别是,当前民营经济面临的风险挑战显著增多,身处县域的民营中小企业更是面临巨大的保生存、谋发展、促转型压力。基层工商联作为联系服务民营企业的前沿堡垒,应当以更有力的措施推动组织建设,探索适应民营经济新形势的服务手段和载体,及时了解企业"急难愁盼",帮助企业解决现实困难,助推民营经济实现高质量发展。

（三）工商联和商会组织实现长远发展的必由之路

工商联的职能和任务包括加强和改进民营经济人士思想政治工作、参与政治协商、发挥民主监督作用、积极参政议政、协助政府管理和服务民营企业等七个方面。在新的时代条件下，党和政府对工商联工作又提出了新的要求，赋予了新的使命，工商联肩负的任务更加繁重，迫切需要加强工商联自身的组织建设和改革，构筑覆盖面更广、活力更强、效能更高的工商联组织体系。基层工商联尽管是工商联工作的基础和前沿阵地，但也是当前工商联体系中力量最薄弱的环节。因此，在新形势下，为了充分发挥工商联和商会组织的职能，必须以更大力度推进基层工商联的建设，为工商联事业长远发展奠定坚实基础。

二、基层工商联服务民营经济高质量发展的实践探索

作为全国高质量发展百强区县，栖霞区民营经济实力雄厚。近年来，栖霞区上规模企业、行业龙头企业、民营科技企业、新兴产业企业数量稳步增长。商会组织伴随区内企业强劲势头蓬勃发展，截至2022年，全区有基层商会20家，会员企业超过2 600家。栖霞区工商联以服务"两个健康"为出发点和落脚点，结合区情特色，发掘基层智慧，初步建成了民营企业较为满意的立体服务体系。

（一）党建引领，注重常态化思想政治教育

商会党建工作既是党的工作的新领域和重要阵地，也是推动统战工作向商会组织覆盖的有力抓手。栖霞区委统战部、区工商联在工作实践中引导各所属商会坚持政治建会，以党建引领商会发展。2017年，栖霞区工商联在南京市率先启动基层商会党组织建设工作。2018年，全区商会党组织数量显著增加，9个街道和栖霞高新区的商会党组织实现全覆盖，形成了完备的体系网络。2019年，推进行业商会党建工作，先后成立区物业商会党支部、区江海集装箱运输商会党支部。2022年，区青年企业家商会党支部顺利获批。目前，全区商会党组织覆盖率达到85%，商会党建工作质量显著提升。

注重发挥思想政治引领功能是党带领人民走向各项胜利的光荣历史传统

和独特政治优势。栖霞区工商联坚持常态化思想政治引领,广泛开展理想信念教育实践活动。先后在井冈山、古田、长沙、遵义等地举办民营经济人士主题教育培训班,培训300余人次。定期举办同心讲堂,邀请省委党校和驻区高校专家教授为企业家授课。积极引导民营企业家树立"致富思源、回报社会"理念,切实履行社会责任。在共同抗击疫情的大战大考中回馈社会,从技术、资金、人员等方面发动区内民营企业和商会组织力量,累计捐款捐物超过2 000万元,组织志愿者超1万人次。资金扶贫、教育扶贫、技术扶贫等三措并举聚合力助力乡村振兴。在全省开展的"万企联万村、共走振兴路"行动中,栖霞区10余家民营企业参与村企联建活动,目前已投入1.28亿元。

(二) 纽带连接,畅通政企信息交流渠道

一方面商会是党和政府联系民营经济人士的桥梁和纽带,自上而下向企业及时准确宣传政策法规;另一方面,商会也是会员企业的"娘家人",协助企业向政府部门发声,充当行业合理利益表达的主渠道。栖霞区各级党政领导干部深入企业、宣传惠企政策措施,协助政府部门贯彻落实政策文件内容。区工商联采取多种形式收集企业的发展情况和问题意见,保障民意表达渠道畅通。走访全区基层商会和执委企业,分行业召开座谈会,点对点与骨干单位沟通交流,向商会会员发放意见征集通知书。倾力打造"政企服务会客厅",以现场办公的方式拉近了政府部门和企业之间的物理距离与心理距离,打通服务民营企业"最后一公里"。区主要领导带领发改、工信、科技等部门负责人在"政企服务会客厅"与企业代表面对面交流,详细了解企业生产经营及发展情况,认真倾听企业家心声,主动回应企业发展困惑,共同推进民营企业的问题得到切实解决。

提升民营企业参与社会治理能力,优化合作治理体系是实现国家治理能力和治理体系现代化总目标的必然要求。《关于加强和改进新形势下工商联工作的意见》指出,充分发挥工商联在非公有制经济人士参与国家政治生活和社会事务中的重要作用。栖霞区工商联始终把参政议政、建言献策作为基础性工作。充分挖掘基层产业力量,组织引导非公有制经济代表人士积极建言献策。近五年来,共组织工商联界别的市、区"两会"代表委员提交人大代表建议100多条、政协委员提案200多份、上报社情民意200多篇。重视民营企业调查点建设工作,开展全区民营经济研究,形成理论研究成果。积极建言献

策,注重所撰写调研报告的质量,每年撰写调研文章 5 篇以上,并参加省市评比。2018 年调研文章《栖霞区青年企业家发展研究》、2020 年《党建促进商会发展研究》等均获南京市工商联系统调研成果一等奖。

(三) 多措并举,助力优化地区营商环境

党的十八大以来,栖霞区工商联以服务企业发展为根本遵循,不断探索服务新形式,扩展服务新领域,构建立体服务体系,为区内企业发展提供了全面多维的高质量服务。整合产学研用各类资源,深入开展银企对接、校企对接、政企对接、院企对接等四个对接活动。形成合作交流新格局,促成企业与其他市场主体的多元双向赋能,达到强强联合效应,在江苏省形成积极影响。建设栖霞区民营经济人士之家,搭建了商务洽谈、教育培训、法律服务等三个新平台。将每年 11 月设立为"民营企业服务月",集中举办全区中小企业高质量发展系列服务活动。这些工作机制的形成,在全省区县工商联中树立了新的工作标杆。

全国工商联发布 2021 年度"万家民营企业评营商环境"调查显示,民企满意度连续三年上升,对所在城市营商环境进一步优化存在期待。新时期如何充分发挥商会的优势作用,帮助企业实现转型升级,营造良好发展环境,栖霞区作出了积极探索。区工商联发布服务民营经济发展措施 20 条,措施涉及民营企业科技创新、人才扶持、银企对接、减税降费、市场主体保护、法律服务等十个方面。着力打造数字经济时代的智慧栖霞,参与建设数字技术示范区,数字经济和人工智能产业蓬勃发展,目前已形成数字企业集聚优势和标杆示范效应。2020 年承办数字经济紫东峰会,2021 年协办"新经济、新业态、新蓝图独角兽论坛",2022 年举办"江苏省异地商会会长座谈会暨名企栖霞行"活动。每年邀请知名企业负责人参加江苏发展大会、南京创新周等招商活动。在调查访谈中,栖霞区民营企业对营商环境的不断优化表示相当满意,众多新兴企业愿意到此发展。

(四) 薪火相传,促进民营企业代际传承

中国民营经济发展正在经历大规模的代际更替,新生代民营企业家群体迅速成长,已经逐步登上历史舞台。栖霞区工商联围绕社会主义现代化建设、民营经济健康发展、民营企业代际传承等热点难点问题,和高校专家加强合作,制定多个调研课题,并深入实施。经过前期调研,当前栖霞区民营企业中有不少面临代际传承的情况,企业家代际差异影响普遍存在。基于调研情况,栖霞区工商联充分意识到新生代民营企业家群体的重要性,重视民营企业代际传承问题。2015年在全市率先成立青年企业家商会,吸纳了150余位中青年创二代企业家和自主型创业企业家。2021年区青企会成功换届,会员180余人。聘请专家学者作为栖霞区青企会顾问,更好地服务青年企业家的成长和企业发展。在提高新生代企业家的商业经营素质能力,以及促成民营企业家代际"传、帮、带"效应等方面取得成效。

新生代民营企业家是新时代统战工作的重点群体,相较于老一辈民营企业家,新生代民营企业家群体具有思想体系更加复杂多元的特点。他们有可能成为变革和创新的一代,在新的时代环境下不仅可能改变企业内部的经营管理,也可能重塑中国政商互动的模式。为了帮助新生代企业家更好地成长,2021年4月,结合区青年企业家商会换届工作,栖霞区工商联和南京大学政府管理学院共同设立"年轻一代民营经济人士理想信念教育基地",搭建新的学习发展平台。举办形式多样的党史学习教育活动,教育引导青年企业家"学党史、强信念、跟党走、办实业、开新局"。紧密契合区情和青年企业家实际需求,开展了政商格局、"一带一路"、数字经济、团队建设等专题辅导,并赴南京雨花台烈士陵园开展纪念活动,走进江苏省政务中心服务平台参观考察,引导新生代民营企业家健康成长,成为新时代中国特色社会主义事业的卓越建设者。

三、基层工商联服务民营经济面临的困难与挑战

随着市场经济的不断发展,工商联作为联系和服务民营经济和民营经济人士的群团组织,工作的重要性也日益凸显。当然,在新形势下,工商联服务民营经济发展面临着新问题,遇到了新挑战。基于栖霞区工商联的实践,结合省内数据和实地调研访谈内容,当前基层工商联服务民营经济所面临的困难与挑战如下:

(一)缺编少人,基层工商联组织力量薄弱

工商联工作是党的统一战线工作和经济工作的重要内容,是促进民营经济健康发展和经济制度平稳运行的重要环节。县级工商联和基层商会组织是

工商联工作的组织基础和重要依托,工商联机关的执行力则从根本上决定着工商联组织的凝聚力和影响力。拥有稳固的组织、人员资源,工商联就能充分发挥自身的特点与优势,广泛团结所属商会和服务好区域内企业,为工商联工作充分赋能,促进民营经济高质量发展。针对这一环节,栖霞区工商联致力于修炼"内功",不断提升基层工商联组织的政治能力、组织能力和战斗能力。

但同时,缺编少人仍然是制约基层工商联发挥更大作用、取得更大成绩的重要因素。据调查表明,在江苏省内,11%的县级工商联实际人员低于3人,64.8%的有3到5人,19.8%的为6到10人,仅有4.4%的县级工商联人数超过10人。江苏省县级工商联在编人员共418人,县级工商联平均人数仅为4.4人。按规定,东部地区基层工商联专职工作人员人数应不低于7人,但多数基层工商联都难以配置齐全。栖霞区工商联也不例外,目前实际工作人员数为4名,其中在编人员3名,与其他同级部门相比,编制少、人员弱、科室简、经费贫等问题较为突出。基层工商联"缺兵少将",一方面会影响到日常工作的效率,一些有创新、有价值的活动因缺乏人手而无法持续;另一方面,也会影响到基层商会、企业对工商联工作和领导能力的信任。

(二) 各自为政,相关部门工作协调不够

一方面,在实际工作中,工商联服务和联系着广大的民营经济代表人士,同时作为群团组织,它又与政府部门保持着密切联系,是政企沟通的桥梁。这样的职能定位要求工商联不能只局限在自己部门内部的"条条框框"之中,而是需要"走出去",与更多政府部门、群团组织等建立协调、沟通和综合处理机制。企业和基层商会的诉求很多时候都是复杂和充满挑战的,例如关于产业园区的进驻就需要规划、建设、消防等多个部门的合作,这就对基层工商联的工作提出了更高要求。在此背景下,栖霞区工商联采取多种举措,推动创新和完善信息交流共享机制、互联互访机制、营商环境评价机制、法律服务合作机制,致力于强化部门间协作。在多部门联合支持下,区工商联主办了一批特色活动,如政企会客厅、银企对接会、校企对接会、"名医进民企"院企共建活动等。

另一方面,在合作协调这一层面上,基层工商联的相关工作仍有进一步深化的空间。由于工商联的部门定位和资源配置,在跨部门合作中的话语权并不强,往往是以协作者的身份参与政府职能部门与企业间的互动。同时,工商

联自身的资源有限,在企业与政府部门的工作联系中,工商联的职责较重而权力较轻,常常只能扮演"中介"角色。在与企业负责人的座谈中,我们也注意到了这一问题,一些企业负责人抱怨基层工商联只能接收和反馈意见,难以凭借自身对企业在意的问题加以解决。基层工商联的话语权弱、协调能力不强,难以发挥自身在联系和服务企业方面的独特优势。

(三) 抓大放小,中小民营企业参与度较低

长期以来,民营经济就是统一战线工作的重要组成部分,而工商联则是统战工作中联系民营经济的桥梁纽带。对此,栖霞区工商联积极推动商会"全覆盖",现有街道商会9家、行业商会6家、园区商会1家、社区商会2家、其他商会2家;注重新兴领域拓展,着力吸收一批先进制造、人工智能、文化创意等新兴产业企业加入工商联,扩展服务领域;增强代表能力,现有执委100名,97名为各企业负责人,一大批有思想、有活力的企业负责人充实到了区工商联。

在栖霞区工商联广泛扩大自身代表性与服务基础的同时,"抓大放小"、参与意愿和参与能力不足的问题也时有浮现。由于统战工作的自身特点和资源有限的现实情况,大中型企业往往有意愿、有能力获得工商联更多的关注与支持,而小型企业则往往既少时间,也少机会参与工商联和商会的各类活动。在栖霞区工商联的100名执委中,大部分企业负责人出身的执委均来自区域内的大中型企业,在更高一级的主席、常委中这一倾向则更为明显。根据我们对辖区内企业的走访调查,一些小型企业参与组织活动意愿弱的问题也得到了证实。基于工商联和统战工作的基本要求,"抓大放小"有一定的合理性,能较好地把握区域内企业面临的主要矛盾,在有限的资源总量内提升资源配置效率。但缺乏对小型企业的关注和激励,容易堵塞小型企业发声的渠道,削弱基层工商联的凝聚力和执行力,不利于小微企业做大做强、民营经济更好更快发展。

(四) 形式单一,对年轻一代吸引力不足

近年来,响应国家"大众创业,万众创新"的号召,一批青年创业人才逐步进入市场,传统民营经济不少也在经历代际传承的过程,老一代企业家子弟开始接手企业。新生代企业家的行为基于其教育背景、知识结构和对市场现状的认知,与传统企业家有一定区别,这既是创新引擎的必要驱动,同

时也需要基层工商联为之保驾护航。如前所述,栖霞区工商联长期以来专注青年工作,加强青年政治引领,建立年轻一代民营经济人士理想信念教育基地,助力民营企业家健康成长;深耕青年创业服务领域,聚力培养互联网、数字经济相关产业人才,举办数字经济紫东峰会,协办科技型初创企业相关论坛;专注青年思想火花碰撞,建立运行栖霞区青年企业家商会,构建青年人交流的基本平台。

与此同时,基层工商联服务青年企业家的有效制度仍在探索之中。大量的工商联活动仍然是基于传统企业家的特点偏好而设置的,针对青年企业家特质的活动形式较为稀少,活动吸引力也较为不足。例如针对新生代企业家的数字经济峰会、青年教育基地等,更多地延续了传统企业家的上课、开会流程和形式,仅在教育、会议内容方面对新生代企业家有一定的倾向。新生代企业家使用较多、较为关注的互联网平台、合作学习等方式,在活动形式层面则较少看到。在对新生代企业家的访谈中,许多受访对象也谈及了这类缺失。一些新生代企业家表示,在硬件保障方面,工商联能够给予较大的帮助,但在一些软件如分享交流、集体活动等层面,却较为单调,对他们吸引力不够。一方面,活动形式与新生代企业家特质的不相匹配,会减少他们成熟和不断进步的可能;另一方面,活动形式的单一与匮乏,容易降低对新生代企业家的吸引力,进而削弱工商联工作的实际效能。

四、加强基层工商联服务民营经济高质量发展的建议

基于栖霞区工商联建设中的现状和存在的问题,就加强和改进新形势下基层工商联工作,更好地服务民营经济高质量发展,提出以下对策建议:

(一) 突破编制限制,加强基层工商联组织建设

加强基层工商联组织的自身建设是做好民营经济统战工作的重要前提。如前所述,当前基层工商联普遍面临"缺编少人"的问题,自身建设滞后于工作实践和发展需求。解决这一问题的关键是各级党委、政府要深入实际进行调查研究,进一步细化和规范工商联各部门、各岗位的职责范围、工作程序,视基层情况适度增加工商联机关的人员编制。考虑到短期内配齐东部地区工商联机关编制的难度(东部地区7人以上),可以考虑通过增挂"民营经济服务中

心"、吸收大学生实习等多种渠道充实工作力量。同时，还应适度加大对基层工商联经费的投入，以满足现代办公条件和服务民营经济高质量发展的需要。

（二）深化部门合作，高质量服务民营经济发展

加强民营经济统战工作，巩固完善党委统一领导、各部门分工合作的大统战工作格局是关键。尽管当前各地都已成立了统战工作的领导和协调机构，但基层民营经济统战工作由于涉及面广等原因，部门分割和协调难的问题依然十分突出，特别是基层工商联与相关党政部门间的深度协作还有难度。未来应依托统战工作领导小组，进一步整合各方面资源、充实民营经济统战的力量。特别是为维护企业合法权益，应进一步加强和公检法部门的合作，建立如企检合作机制、诉前调解机制、一站式法律服务平台等，聚焦多元解纷，依法保护企业产权和自主经营权，为民营企业提供高质量的法律服务，营造激励企业家干事创业的浓厚氛围。

（三）优化会员结构，扩大区工商联工作覆盖面

如前所述，当前各地工商联组织的工作普遍倾向于"抓大放小"。大型企业在各方面备受偏爱，中小企业不仅入会困难，即使加入工商联组织也很难发挥实质性影响。为了克服这一问题，工商联及所属商会组织未来应在巩固对大企业吸引力的同时，更加兼顾中小企业利益。这不仅要彻底打破各种隐性存在的企业入会的资产门槛，真正做到向全行业、全领域开放，同时更要做到商会服务向各类企业的无差别开放，以充分调动中小企业入会的积极性。相应地，在民营经济代表性人士队伍的建设上，适当偏向一些新兴战略性产业的同时，也应兼顾不同地区和行业、大中型企业和小微企业，提高代表性和广泛性。

（四）服务企业代际传承，促进新生代企业家健康成长

服务民营企业代际传承、加强对新生代企业家的培养是未来基层工商联工作的一大重点。在现有工作基础上，要持续发挥好工商联在企业代际传承中的桥梁纽带作用，创建服务企业代际合作交流新平台。例如，可以学习借鉴一些基层工商联的先进经验，选配优秀老一辈企业家导师队伍，组建老一辈企业家"导师团"。牵头制定具体工作方案，建立老一辈企业家导师帮带制度，明

确督、导、学各方职责。安排导师和年轻一代企业家进行结对帮扶,进一步加强企业家代际之间"传帮带"作用发挥,保障"传帮带"落地见效。市和区"两会"代表委员、工商联常执委等政治安排上向年轻一代适当倾斜。培养树立若干优秀典型,为年轻一代企业家健康成长营造良好环境。

栖霞"智慧人大"建设实践与思考

栖霞区人大办课题组、南京财经大学公共管理学院指导组[①]

习近平总书记指出:"数字技术正以新理念、新业态、新模式全面融入人类经济、政治、文化、社会、生态文明建设各领域和全过程,给人类生产生活带来广泛而深刻的影响。"国家"十四五"规划《纲要》也明确提出:"加强数字社会、数字政府建设,提升公共服务、社会治理等数字化智能化水平。"在网络强国、数字中国战略全面推进的新时代背景下,人大及其常委会作为全面担负法律赋予各项职责的工作机关和同人民群众保持密切联系的代表机关,必须主动拥抱"互联网+"时代浪潮,与时俱进创新和改进人大工作模式,才能完成新时代赋予的各项使命任务。近年来,栖霞区人大常委会立足自身工作实际和全区特色资源,在"智慧人大"建设中作了一些有益探索。在梳理总结过去几年创新经验的基础上,就深入推进"智慧人大"建设,更好保障人大及其常委会依法履职、更加密切同人民群众的联系作进一步思考和研究。

一、加强"智慧人大"建设的紧迫性和重要性

苟日新,日日新,又日新。随着数字技术创新迭代速度不断加快,其在推动经济社会发展、促进国家治理体系和治理能力现代化、满足人民日益增长的美好生活需要等方面发挥着越来越重要的作用。在深刻改变全社会生产生活

[①] 课题负责人:沈燕　专家指导:黄建伟
本文在2022年度栖霞区"校地党校工作联盟"课题调研评奖中获优秀奖。

方式的同时,也对传统的工作生活模式带来了极大冲击。对于人大工作而言,这既是一个严峻的挑战,更是一个难得的机遇。

(一)加强"智慧人大"建设是适应数字时代发展的现实需要

信息技术的高速持续发展,使人类几千年来形成的传统人际交流方式和社会管理组织形式发生了极大变化,并深刻地影响着社会经济生活的运行和民主政治建设的发展。特别是近两年来,为积极应对新冠肺炎疫情带来的不利影响,全社会各行业领域都在加大移动终端软件的开发和推广力度,网上学习、网上会议、网上娱乐已成为一种新型生活方式,"足不出户可知天下事、人不离家照样能办事"也已成为一种普遍社会现象,群众生活质量和工作效率得到了全面提高。为满足人民群众对数字化美好生活的需求,栖霞区围绕群众关心的"急难愁盼"问题,以政务服务、民生服务、社会治理等领域为突破口,不断创新行业应用场景,催生了"不见面审批""掌上云社区"等一大批优秀创新成果案例,也为"智慧人大"建设提供了有益借鉴和启发。努力推进"智慧人大"建设既是人大工作顺应时代发展的必然趋势,也是人大工作在改革创新路上的又一次重要尝试。

(二)加强"智慧人大"建设是提升人大工作质效的迫切需要

相较于数字政府的建设推进力度,"智慧人大"建设还存在一定的滞后性,更加凸显出传统工作方法的局限性。如果不能加快推进"智慧人大"建设,充分发挥网络信息技术的助推器作用,传统人大工作中存在的依法监督工作虚、代表履职效果差、会务运行效率低、执法检查力度弱等问题将难以得到有效解决。当前,全国人大和省市地方人大都相继将现代智能会议系统引入人代会和常委会会议,使人大会议管理更加科学化规范化,现代信息技术对人大工作的巨大牵引作用得到了充分展现。因此,基层人大也要紧跟形势变化,积极借助"互联网+"时代的强劲东风,充分发挥信息技术在人大及其常委会行使职权、信息公开、服务代表、工作宣传等方面的助推作用,加快构建精准高效的信息化工作模式,实现人大常委会与人大代表有机融合、人大代表与选民有机融合、人大机关内部有机融合,从而促进人大工作效能全面提升。

（三）加强"智慧人大"建设是深度联系代表群众的客观需要

习近平总书记明确指出："人民代表大会制度之所以具有强大生命力和显著优越性，关键在于它深深植根于人民之中。""各级党政机关和领导干部要学会通过网络走群众路线。"第 50 次《中国互联网络发展状况统计报告》显示，截至 2022 年 6 月，我国网民规模为 10.51 亿，互联网普及率达 74.4%。网民人均每周上网时长为 29.5 个小时，较 2021 年 12 月提升 1 个小时。与此同时，人民群众的督政意识也在不断增强，通过网络信息平台联系人大代表、表达个人意愿、参与社会公共事务管理的趋势愈发明显。充分利用信息网络所特有的双向互动性，加快搭建密切联系群众的信息化平台，建立更加畅通的信息收集和反馈渠道，能够有效拓展代表履职的深度和广度，更好地反映群众呼声、传递社会关切，为积极践行"人民代表为人民"庄严承诺提供强有力的技术保障。

二、栖霞"智慧人大"建设的实践探索

近年来，栖霞区人大常委会坚持把"智慧人大"建设作为学习贯彻习近平总书记重要讲话精神、推动新时代人大工作高质量发展的重要载体，积极运用"互联网＋"理念，着力构建以保障依法履职、服务代表主体、宣传人大制度为重点的多维应用场景，为人大工作插上科技翅膀。

（一）线上线下，宣传渠道更加多元

相较于传统媒体，网络和新媒体具有传播速度快、范围广、互动性强等诸多优势。宣传工作也是区人大机关运用网络技术最早的一个领域。从最初面向公众、单向信息发布的人大门户网站，到覆盖代表群众、双向互联互动的微信双联微平台，逐步实现了人大宣传工作从线下到线上再到"掌上"的华丽转变，初步构建形成了"三位一体"的宣传新模式，为宣传人大制度、讲好人大故事提供了有效支撑。除及时发布全区人大工作动态外，双联微平台也注重法律法规知识宣讲和代表履职风采展示。随着运营时间的增长和受众人数的增多，平台出现了越来越多的留言，不仅成了区人大机关开展宣传、学习、交流的重要平台，更是一个与代表群众直接交流沟通的重要渠道。

(二) 互联互通，人大监督更加有力

着眼新形势下加强和改进人大预算审查监督工作的现实需要，2018年，区人大常委会按照全国人大和省市人大关于推进预算联网监督工作的通知要求，投入45万元建成区本级预算联网监督系统。通过与区财政、税务、人社、国资、审计等部门的联网，实现了对区政府预决算的全过程动态监督，有效促进了资金分配和管理的公开、公平、公正。人大预算联网监督工作的创新，实现了纸质报表审阅向电子信息同步审阅、被动事后监督向主动全程监督、预算执行结果平面审查监督向全方位立体审查监督、财政数据静态时点监督向动静结合审查监督的转变，推动人大预算审查监督工作迈出了实质性步伐。

(三) "云"来"云"去，联系群众更加深入

区人大常委会始终将支持保障代表依法履职、发挥人大代表作用作为常委会重点工作之一。2021年以来，区人大常委会依托"掌上云社区"平台，充分利用该平台信息交流、智能回复、工单流转等功能，积极搭建"人大代表走进云社区"履职载体，不断创新代表联系群众工作，有效拓展代表与群众的交流渠道。制定下发《关于在全区开展"人大代表走进云社区"活动的实施意见》，将42名市人大代表、286名区人大代表按所在选区、专业特长"分配"到各个"云社区"，每个"云社区"安排1名市人大代表、2名本选区的区人大代表定期开展线上接待。非接待时段内，选民群众可以通过"给人大代表写信"小程序直接向代表反映诉求。没有了陌生人敲门的尴尬，突破了联系接待的时空限制，群众可以随时随地打开微信，参与社区治理、咨询各类信息、表达利益诉求，真正实现了代表联系服务群众"24小时不打烊"。

(四) 创先创优，机关工作更加高效

近年来，区人大机关不断强化创新思维，在各项工作中注重强化网络信息技术运用，取得了实实在在的成效。在组织召开重大会议前，除传统的书面通知、电话通知外，还综合利用微信工作群、邮箱、手机信息平台等方式，向与会人员发送会议通知、会议材料和短信提醒，及时告知会议时间、地点及注意事项等，进一步提升会议的参与度和组织效率。2018年，区人大机关投入10万元开发建立了电子表决系统，并在区人大常委会会议和主任会议中投入使用，

实现了电子会标、电子签到、电子表决等全方位电子会务服务。在大大减少会议材料用纸的同时,进一步提升了会议效率,促进了人大常委会集体行使权力的公平、公正和民主。

三、深入推进"智慧人大"建设的几点思考

在"智慧人大"建设不断推进的过程中,我们也深感要求越来越高、难度越来越大,距离高水平的"智能化""数字化"还有很大差距。尤其是移动互联时代,如何实现从硬件平台架设的"1.0"时代到数据处理应用的"升级版",乃至真正意义上的"智慧人大",仍有不少"短板"需要补齐。

(一)强化网络思维,积极营造学"网"用"网"良好氛围

网络信息技术是新时代改革创新的重要物质条件和推动力,而人的互联网思维能力则是其中的核心要素。互联网思维能力是立足于互联网去思考和解决现实问题的一种本领,是意识和行为习惯的巨大改变。结合人大工作实际,我们要注重从以下三个方面着手,全面增强自身互联网思维能力。一要克服畏难情绪,敢于触"网"。要重视互联网体验,主动在工作、生活中接触和运用互联网,尽快使自己成为互联网的"移民",而不能成为互联网的"难民"。只有深入了解互联网的特点、功能及作用,才能科学确定改革创新的方向,正确推进"互联网+人大工作"行动。二要加强学习培训,学会上"网"。要主动加强改革创新、大数据、"互联网+"等相关理论的学习,并将相关理论知识纳入人大代表学习培训内容,使人大机关干部和广大人大代表真正成为运用网络的行家里手,真正发挥各类系统平台对于人大工作的放大效应和联动效应。三要紧贴工作实际,善于用"网"。要紧盯人大工作中的短板弱项,进一步激发创新思维、突破思维定势,善于敢于运用"互联网+"理念,对原有工作运行模式进行深层次创新,以解决常规方法无法解决的深层次矛盾,从而推动人大工作迭代升级、创新发展。

(二)把握基层特点,系统推进"智慧人大"建设

对于基层人大机关来说,现阶段影响和制约"智慧人大"建设最主要的因素就是可调控资源有限,包括平台载体小、专业人才缺、使用人数少等方面。

针对这一现状特点,在"智慧人大"建设方式上要着重把握以下三个方面。一要坚持融合发展。要把"智慧人大"作为本地区"智慧城市"建设的重要组成部分,以实现"一网统管"为目标,加强与"一府一委两院"信息化工作的横向合作,积极推动信息平台互联互通,实现数据共享。积极借助"一府一委两院"在信息化工作上的先发优势,提高"智慧人大"建设质量,尽量少走弯路,实现资源使用效益最大化。二要坚持借力发展。为有效解决"各自为政、各搞一套"的现象,近年来,省市人大越来越重视"智慧人大""数字人大"建设的顶层设计工作,自上而下推动各级人大系统平台一体化发展。要充分借助上级人大的力量,主动做好协调对接,认真抓好贯彻实施,借力推进本级人大信息化建设进程。三要坚持系统发展。"智慧人大"建设是一项需要不断开发、更新、推广的系统工程。在坚持融合发展、借力发展的同时,还要结合本级人大工作实际和本地区特色资源,有针对性地加强"智慧人大"建设整体规划,精心打好自己的"小算盘",逐步建立内容丰富、功能实用、使用便捷、特点鲜明的系统平台。

(三) 强化数据运用,全面提升人大工作质效

在推进"智慧人大"建设过程中,要坚持将服务保障人大工作开展作为出发点和落脚点,坚决克服和避免"为建而建"。结合基层人大工作职能,应优先将保障人大监督、服务代表履职和加强机关建设作为"智慧人大"建设的主要目标方向。一要打造人大监督"线上模式"。要在建成预算联网监督系统的基础上,进一步拓宽人大线上监督范围,在司法、环境保护等各方面条件较为成熟的工作领域,优先开展联网监督系统建设工作。要求政府部门和司法机关按时、主动上传数据信息,通过系统对数据信息进行智能化排序、比较、分析,以更加通俗易懂的方式反映相关工作开展情况,有效解决人大监督工作人力不足、信息零散、实时性差等问题,全面提升人大监督刚性。二要搭建代表履职"网络桥梁"。要围绕代表高质量履职,积极搭建代表履职服务平台,帮助代表突破时间、空间对履职工作的限制和影响,实现线上学习培训、知情知政、建议办理和联系群众等功能。通过线上线下深度融合,不断拓展代表与选民的互联互通渠道,进一步激发群众参政议政的积极性,持续助推全过程人民民主在基层落地生根。三要建立共享交流"数字通道"。在积极推进人大机关文件、视频、音频、图片等资料数字化的同时,着力构建横向与"一府一委两院"、纵向与上下级人大共享交流的信息资源共享平台。制定统一的数据库标准,

建立标准化的存储和检索系统，不断深化人大信息资源开发利用，为人大及其常委会科学民主决策提供信息支撑。

（四）注重使用体验，同步加强系统配套建设

网络技术领域的"梅特卡夫定律"表明，网络平台的价值跟其用户数的平方成正比。"智慧人大"相关平台建成后，还要注重在"用"上下功夫，努力往"想用就用、越用越好"的方向发展。一方面，系统平台设计一定要紧扣人大工作和代表履职需要，紧扣推进治理能力现代化需要，让平台的"主脑"更加"聪明"、操作更加"傻瓜"，确保用户能够上手即用。要定期做好平台更新维护，不断提高文稿内容质量，增强平台的"粘性"和实效性，培养用户使用惯性，加快形成"用""建"相互促进的良性循环。另一方面，在对现有人大工作实行信息化改造的同时，也要根据新时代人大工作特点规律，对与数字化时代不契合的工作流程进行优化再造，及时制定出台相应的实施细则和配套办法，促使制度创新和技术创新相得益彰，产生"1＋1＞2"的倍增效应，协力推动新时代人大工作取得新突破、再上新台阶。

关于进一步密切人大代表与人民群众联系的调研与思考

栖霞区人大办课题组、江苏省委党校党史党建教研部指导组[①]

习近平总书记在中央人大工作会议上强调,充分发挥人大代表作用,做到民有所呼、我有所应。人大代表来自人民、代表人民,是人民代表大会的主体,是党委和政府联系人民群众的桥梁和纽带。人大代表只有与广大人民群众保持密切联系,想人民群众之所想,帮人民群众之所需,代表的价值才能体现出来,代表的作用才能得到发挥。长期以来,如何创新工作方式方法,拓宽代表履职渠道,进一步密切人大代表与人民群众的联系,充分发挥代表的主体作用,是地方各级人大常委会面临的一个新课题。近年来,栖霞区人大常委会认真贯彻落实省人大常委会《关于完善全省各级人大代表联系人民群众制度的实施意见》精神,坚持以代表活动阵地建设为抓手,不断拓宽联系渠道、丰富活动内容、完善体制机制,进一步加强人大代表与人民群众的联系,使人大代表成为反映人民意愿,维护群众利益,协助党委推动工作的重要力量,为推动栖霞高质量发展作出积极贡献。

一、深刻理解密切代表与群众联系的重要意义

人大代表是人民代表大会的主体,是人民利益的代言人,加强代表同人民群众的联系,是宪法法律赋予人大代表的重要职责,是依法履职的重要基础,

---

[①] 课题负责人:刘萍　专家指导:张加华
本文在2022年度栖霞区"校地党校工作联盟"课题调研评奖中获优秀奖。

也是实现和发展"全过程人民民主"的重要内容。

(一)人大代表密切联系人民群众是深入贯彻宪法和法律要求的必然选择

宪法和法律对代表依法履职、联系群众作出了一系列的明确规定。宪法第76条规定:全国人大代表应当同原选举单位和人民保持密切的联系,听取和反映人民的意见和要求,努力为人民服务。组织法第37条规定:地方各级人大代表应当与原选区选民或者原选举单位和人民群众保持密切联系,听取和反映他们的意见和要求。代表法第4条规定:代表应当与原选区选民或者原选举单位和人民群众保持密切联系,听取和反映他们的意见和要求,努力为人民服务。因此,代表自身承担着宪法和法律赋予的权利与义务,要坚持以法治精神、法治思维统领联系群众的全过程,自觉、主动代表人民行使管理国家和社会事务的权力。

(二)人大代表密切联系人民群众是切实提高人大工作实效的重要路径

作为国家权力机关的组成人员、人大工作的主体,代表只有保持与群众的密切联系,才能更好地维持代表履职的动力源泉,才能筑牢坚持和完善人民代表大会制度的根基,有效推进中国特色社会主义民主政治的发展;只有保持与群众的密切联系,才能深入了解群众的要求和愿望,在履职过程中真实反映出群众的现实呼声和最关心、最需要解决的问题,切实维护好群众的切身利益;只有保持与群众的密切联系,才能更好地发挥人大作为党和国家联系人民群众的桥梁纽带和群众表达意愿、实现有序政治参与的作用,从而进一步提升人大工作的实效性。

(三)人大代表密切联系人民群众是发展"全过程人民民主"的主要渠道

习近平总书记指出:"人民民主是一种全过程的民主,所有的重大立法决策都是依照程序、经过民主酝酿,通过科学决策、民主决策产生的。"在各项工作中,只有倾听民意、了解民意,才能推动决策科学化民主化。人大代表来自群众、植根于群众,在全过程人民民主中发挥着重要作用。各级人大代表定期深入基层,向选民述职、在"家站点"接待选民群众、进村入户与群众拉家常,了解他们的所思所盼所想,把党和政府的声音传递给群众,把群众的呼声传递给党和政府,才能激发人民群众参与基层社会治理的内生动力,推动全过程人民民主在基层落地生根。

二、栖霞区密切代表与群众联系的实践

目前,全区共有各级人大代表333名,其中全国人大代表1名、省人大代表4名、市人大代表42名、区人大代表286名;设立街道人大工委9个、南京经济技术开发区人大联络办1个,打造区政务服务中心"人大代表联系点"1个、"人大代表之家"10个、"人大代表工作站"126个,创建了"人大代表走进云社区"网络履职平台。区人大常委会以"家、站、点"为依托,不断完善代表履职阵地组织网络,推动人大代表履职工作的触角向下延伸。2021年以来,我们共组织240余名市区代表深入各个履职平台,零距离接待选民群众650余人次,收集到小区停车位少、垃圾分类投放点设置难等问题430余件,推动解决群众关心、关注的问题80余件,代表联系群众工作取得了显著成效。

(一)完善工作制度

近年来,区人大常委会相继制定完善了《栖霞区人民代表大会常务委员会关于密切联系人大代表和人民群众的实施意见》《栖霞区人大代表履职考核办法》等制度,进一步明确了代表联系群众的基本内容、工作程序和保障管理措施等,规范了人大常委会与代表之间、各级代表之间、代表与群众之间的联系事宜,为代表联系群众工作提供了重要遵循。

(二)拓宽联系渠道

从2015年起,区人大常委会按照"六有、六上墙"标准,在街道、村社区为代表建立履职阵地——"人大代表之家""人大代表工作站",经过几年的持续用力发展,全区9个街道和南京经济技术开发区,126个村社区实现了"家站"全覆盖。2021年,我们依托"掌上云社区",建立"人大代表走进云社区"线上履职平台,让代表履职实时显现,民意表达渠道从"面对面"拓宽到"键对键"。

(三) 丰富活动形式

区人大常委会围绕代表关注和履职需要，制定人大代表培训计划，开展优秀代表、连任代表帮带新任代表活动，促进代表工作经验的传承与创新。向代表发放《代表联系手册》，进一步明确代表和选民联系人的职责、任务和联系方式。依托"家、站、点"以及"人大代表走进云社区"等平台，定期组织市区人大代表开展向选民述职、座谈交流、政策宣讲、走访慰问等形式多样、内容丰富的活动，让代表们进一步深入社区、深入群众，推动代表联系群众常态化、实效化。

三、代表密切联系人民群众存在的问题及原因

在探索和实践中，我们发现人大代表联系群众工作离人民代表大会制度的本质要求和人民群众的期盼仍有一定的差距，主要表现在以下三个方面：

(一) 代表与人民群众联系的主动性、普遍性不够

有的代表在与选民联系时，还比较被动，仅限于参加人大常委会统一组织的调研和视察检查等形式，自己下选区联系群众较少；有的代表参加联系群众活动有完成任务的心理，联系群众停留在"见见面、说说话"的浅层次，不能深入了解群众意愿；有的代表与本单位或本地的选民联系多，与本选区其他选民联系很少，不能最大限度地倾听和反映人民群众的意愿，导致联系群众的广度和深度都远远不够，提出的意见建议缺乏普遍性、代表性。

(二) 人民群众的认同感不够强

部分群众认为代表的主要作用是参加人代会、集中视察调研，对代表深入基层联系的效果存在疑问；有群众认为代表没有职权，找了也不管用，也有群众认为法律限定人大不能直接处理具体问题，向代表反映问题"拐弯""转圈"不必要，解决问题最终还是要找有关部门，所以他们会选择"12345"热线投诉或者信访。

(三) 代表联系人民群众实效性不够

有的代表在联系人民群众上存在着"漂浮"现象,满足于"见见面,说说话",没有深入了解和反映人民群众的意愿和要求,提不出有分量、有影响的议案或建议,实际效果不明显;有的人大代表虽然参加了联系活动,但缺乏狠抓落实的精神,对选民或人民群众提出的问题,只是写出建议提交政府有关部门,缺少跟踪问效,影响了对所提问题及时、有效解决。

分析以上存在的问题,主要有以下几点原因:

一是思想认识不到位。有的代表对人大代表的地位作用,特别是对代表密切联系人民群众的意义认识不够充分;有的把当代表当作一种荣誉,代表意识、责任意识、使命意识不强,嫌麻烦,怕招事,影响了与群众联系的积极性和主动性。二是依法履职能力欠缺。一些代表,特别是新当选代表,对联系群众的渠道与方式不熟悉,有的甚至对代表的权利、义务不清楚,再加上自身知识能力有限,在遇到群众反映的涉及政策性较强的问题时,缺乏有效的沟通和处理能力,心有余而力不足,导致联系效果大打折扣。三是法律制度不完善。相关法律法规对于密切代表与人民群众的联系方面规定较为原则,省市区人大缺乏与之配套的具体要求、量化标准和刚性约束,联系活动在实际中容易流于形式。同时,代表联系群众缺乏完善的后续督办制度,群众意见办理、反馈缺乏闭环管理机制,这些都直接或间接地在一定程度上影响了代表联系群众的效果。

四、加强代表与人民群众密切联系的对策建议

代表密切联系选民是代表履行好法定职责的基础,也是扩大公民有序参与政治、发展"全过程人民民主"的有效途径。联系栖霞区实际,加强代表与人民群众的密切联系,建议从以下四个方面下功夫:

(一) 要建立健全机制,为密切人大代表与人民群众联系提供保障

一是完善联系工作机制。制定完善《关于密切联系人大代表和人民群众的实施意见》《人大代表小组活动制度》《人大常委会领导与列席会议代表座谈办法》等制度,细化常委会组成人员联系代表和代表联系选民的时间、内容与

实效,规定代表每年走访选民的频次和人数,集中开展联系选民活动,定期向原选区选民报告履职情况,并接受评议,保证联系工作的制度化和常态化,促进代表增强责任意识,更好地为群众服务。二是建立信息公开机制。在选区信息公开栏或制作代表联系卡,公开代表信息,告知选民联系方式。对代表联系群众、收集民意、反映民情以及提出意见建议等情况进行收集、登记、整理、统计归档,形成可量化评价基础,定期向人大常委会报告情况,并在一定范围内进行通报,特别是要主动向代表的原选区或选举单位反馈代表履职情况,接受原选区或选举单位监督。三是完善惩奖和退出机制。抓好《栖霞区人大代表履职考核办法》的落实工作,建立健全"能上能下"的监督机制,将代表履职表现作为人大换届时推荐连任的重要依据,对不自觉或不正确履职的代表根据不同情况做告诫谈话、劝辞代表职务等处理。

(二) 要提升履职水平,为密切人大代表与人民群众联系夯实履职基础

一是强化责任担当。代表提出议案、建议,行使选举、表决、监督等权力,都必须以联系人民群众为前提和基础,以人民群众的意志为依据。因此,各级代表要按照《代表法》的规定,进一步提高责任感、使命感,主动进"家"、入"站"、到"点",密切联系群众、切实履行职责、倾听群众呼声,积极反映人民群众的意见和要求,帮助群众解决困难,使群众找得到人、说得上话、议得成事,真正做到"为了人民、依靠人民、让人民满意"。二是注重能力提升。人大代表应把加强学习,提升自身整体素质放在重要位置。本着"缺什么补什么、需要什么学什么"的原则,重点要在如何开展联系人民群众活动,如何解答处理人民群众反映的问题,如何搞好调查研究、撰写好议案建议等知识与能力方面下功夫。平时应注重加强对党的理论、路线、方针的学习,加强对国家法律法规、文件政策的学习,加强对区域经济社会发展形势的熟悉,为更好地开展联系人民群众活动打下良好基础。三是发挥资源优势。人大代表是来自各行各业的先进分子和骨干力量,具有先进性和模范性的特点,肩负着为民做表率的重大责任。在联系群众过程中,人大代表要认真记录群众的诉求,积极利用个人社会资源帮助选区居民群众解决就业、交通出行、小区管理等方面的问题,赢得群众的认可和满意,为常态化、规范化联系群众夯实基础。

(三) 要强化服务保障,为密切人大代表与人民群众联系创造条件

一是搭建履职平台。要紧跟时事,围绕代表、群众关心、关注的热点为主题组织开展活动,让传统平台活起来,进一步激发代表的履职热情和积极性,如可开展《民法典》宣讲、为垃圾分类工作提建议、分享疫情防控体会等主题活动。要加强"家、站、点"以及"人大代表走进云社区"之间的统筹协同,明确功能定位,有效整合线上线下平台资源,构建代表密切联系人民群众的体系化平台网络,保障代表的桥梁纽带作用更好发挥。二是丰富活动内容。区人大常委会机关作为代表的"娘家",要进一步增强服务意识,不断完善机制、创新方式、提升质效,努力为代表履职创造更好的条件。经常性开展进选区、进家站点、进窗口、进12345热线等形式多样、内容丰富的活动,让代表们进一步深入社区、深入群众,参与基层村社区建设,为基层发展贡献智慧和力量。比如昆明市晋宁区创新代表联系群众方式,制定《区人大常委会组成人员"家访"代表和代表"家访"选民办法(试行)》,将民生汇集的地点从办公室、会议室、接待室向家里、工厂里、田间地头不断延伸,拓宽了代表联系群众的广度。三是建立"一府一委两院"联系机制。探索在"一府一委两院"相关部门建立"代表工作联系人"制度。制定试点工作方案,代表工作联系人以汇报工作、回答询问等形式加强与代表的联系。进一步拓宽代表知情知政渠道,密切代表与"一府两院"的联系,对发挥代表作用、保障代表依法执行职务发挥积极作用。

(四) 要注重成果转化,为密切人大代表与人民群众联系增添动力

一是做好代表建议分析处理工作。代表们要及时对民意表达进行整合,认真梳理出选民意见比较集中的、带有区域普遍性的问题,如围绕社会治安、医疗卫生、食品安全、扶贫帮困等问题,深入开展调研视察,梳理群众意见,形成解决问题的具体方案和代表建议,帮助群众解决实际问题,有效促进一批民盼、民急、民需的民生问题的落实,充分维护人民群众的利益。二是加大对代表建议的督办力度。完善代表建议办理工作程序,强化常委会主要领导牵头、各部门分工合作的督办工作机制。健全群众进平台反映事项的受理、分析、反馈等工作链,人代联委要督促各承办单位认真办理落实代表提出的建议,构建代表建议"提出、办理、反馈、评价"的工作闭环,推动建议办理落地生效,让代表树立更强的责任感,拥有更多的获得感。三是要加强宣传引导。充分利用

各种宣传工具,加大对人民代表大会制度和人大代表密切联系群众的宣传力度,及时报道代表联系群众情况及成效,宣传优秀代表风采,扩大代表在群众中的影响力,展示树立人大代表良好形象,赢得全社会对代表联系群众工作的支持和尊重,为代表联系群众营造良好舆论氛围。

打造多维"廉合"体系 加强新时代廉洁文化建设的实践探索

栖霞区纪委监委课题组、江苏省委党校廉政教育中心指导组[①]

中共中央办公厅印发《关于加强新时代廉洁文化建设的意见》,指出全面从严治党,既要靠治标,猛药去疴,重典治乱;也要靠治本,正心修身,涵养文化,守住为政之本。栖霞区纪委监委认真贯彻落实《关于加强新时代廉洁文化建设的意见》,坚持把廉洁文化建设作为一体推进不敢腐、不能腐、不想腐的基础性工程,立足本区深厚文化积淀、各类资源优势,主动深入挖掘,积极探索创新,在资源、路径、效能上持续发力,打造多维"廉合"体系,持续浓厚崇廉、尚廉、敬廉、守廉的氛围,以风清气正政治生态护航栖霞高质量发展。

一、栖霞区廉洁文化建设的实践探索

(一) 资源整合,提升廉洁文化吸引力

一是寓廉于景,营造廉洁意境。充分挖掘栖霞山风景区的廉洁文化元素,从淡泊名利、不惧霜打、丹心碧血的红枫精神入手,因地制宜种植竹、莲等象征清廉的植物,收集整理先贤名人清廉故事,在景区设置廉洁诗词标牌,改造升级清风长廊、清水莲池等景观,举办"红枫廉韵"主题游园会,让游客"触景生廉"。在水一方景区打造廉政景观,将莲花的特殊文化属性与廉政文化相结

[①] 课题负责人:阮德奇 专家指导:张桂珍
本文在2022年度栖霞区"校地党校工作联盟"课题调研评奖中获优秀奖。

合,先后以"携手话清廉·共聚水一方""红枫印初心·青莲伴使命"为主题,连续三年举办廉政文化演出,以莲寓廉、借莲倡廉,达到"人在景中走、廉从心中生"的效果,在干部群众和游客中取得了良好反响。借螺蛳公园升级改造之机,将螺蛳净水功能的"净"元素、石油炼制工艺的"炼"元素,与廉洁家风家训相结合,建设户外廉洁文化教育点。在公园改造之时,设计卡通玩偶"小螺蛳",开展"廉洁南炼,小螺蛳漂流记"图书活动,激发大众阅读热情,传递廉洁家风。

二是取廉于史,赓续廉洁传统。注重从历史中汲取廉政养分,以中国廉政文化历史发展脉络和江苏廉政人物故事为主题,主办"红枫印初心、廉韵传古今"栖霞区廉政文化图片展,启迪党员干部从历代先贤的为官之道中汲取廉洁从政的智慧经验。积极挖掘正面典型,以栖霞清官廉吏为蓝本摄制微视频《清官徐九思》,以大学杰出校友廉洁故事为素材推送系列高校"廉谱",通过学习先进鼓舞激励,不断筑建全区党员干部精神高地。在党史学习教育中融入廉政教育,推出4期"带你了解党的纪律建设历程"系列微党课,把廉洁文化课程送到党员干部"指尖",教育引导党员干部学党史、明纪律、守底线。

三是寄廉于艺,传承廉洁基因。聚焦中国传统历法二十四节气中的廉政理念,与栖霞山、燕子矶头、南朝石刻等24个具有代表性、标志性的景点相结合,配以廉政诗文及解读,创作了"廉政二十四节气"手绘水彩画。制作廉政节气笔记本、书签、摇扇和帆布袋,推出了"一册一扇一袋廉"文创产品,在各类参观活动中赠送给广大党员干部和群众,以廉册明底线、廉扇送清风、廉袋收廉声。积极支持发动党员群众开展廉政文化作品创作,举办"红枫廉韵杯"文创大赛,征集剪纸、书法、绘画等形式多样的廉政文化作品230余件。持续推陈出新符合大众需求、更接地气的清廉文化服务,"红枫廉韵"系列主题活动深受好评。举办"红韵机关""岗位话廉政·弘扬正气树立新风"演讲比赛等活动,激励青年干部树牢廉洁意识、强化责任担当;组织开展"学好党纪法规、建设魅力栖霞"知识竞赛,通过网络答题、笔试竞赛和现场PK三种形式,吸引了3.4万余人次参与,一系列活动有力推进了廉洁文化走进机关、村居、企业、学校、医院等各个领域。

(二)路径融合,扩大廉洁文化影响力

一是推动校地共建。立足三区"一个中心、一张蓝图"的定位,统筹行政区组织协调资源、开发区实践平台资源和大学城理论智力资源,创新构建"室校地"协作模式,联动开展廉政教育。与南京经济技术开发区纪工委、仙林大学城纪工委以及南京大学、南京师范大学、南京中医药大学、南京邮电大学、南京财经大学等5所高校纪委成立"栖霞校地廉政共建联盟",建立高校与街道"一对一"廉政结对机制,互为学廉(倡廉)基地和实践基地,联合开展廉政文化宣传、书画作品巡展、勤廉勤政讲座等活动。比如,南京大学与八卦洲街道共建蔬菜基地项目,以"蔬"为媒点缀清廉乡村;南京师范大学定期组织学生到迈皋桥街道丁家庄保障房社区开展廉政宣传活动;南京中医药大学组织20多支志愿者队伍,在送义诊到村居的同时也将勤廉理念送到千家万户。与西南政法大学共建教学科研实践基地,围绕廉洁文化开展课题合作、学术研究。

二是推动阵地共享。因地制宜打造廉洁文化阵地,着力绘制以两个教育馆为"廉政地标"、46个廉政文化示范项目覆盖全区的"栖霞廉洁文化地图"。挖掘南京本土的历史、人文、家规资源,建成金陵廉政文化教育馆;梳理百年党史中的纪律建设脉络,建成栖霞区党的纪律建设教育馆。通过图文、实物、浮雕等展陈形式,综合运用多媒体触屏互动等科技手段,让党员干部沉浸式体验清风树典、条规塑形、案例示警,目前两个教育馆共接待省内外机关部门、企事业单位参观学习1830批次10万余人次。同时,以点带面延伸拓展"清风廉旅"路线,参与共建晓庄陶行知师德教育馆、仙林"一往情深"党群服务中心、"十月·初心"馆等一批廉政教育功能突出的教育场馆,指导街道因地制宜建设廉政主题广场、文化墙、宣传栏等设施,设置廉政书屋、廉文化教育活动室等阵地。共建成省级廉政文化示范基地1个、廉政文化示范点2个,市级廉政文化示范基地3个、廉政文化示范点11个,区级廉政文化示范点29个,全区廉洁文化阵地更加丰富。

三是推动宣传共通。着眼全媒体时代受众差异化需求,精心维护运营"红枫廉韵"微信公众号,通过音、视、图、文等多种形式,大力传播廉洁故事、典故、诗文背后的独特内涵,已发布各类廉政资讯460余篇,筑造人人受教、走"新"且入"心"的廉政教育宣传格局。加大视频、H5等新媒体产品创作力度,以非物质文化遗产南京金箔为主题摄制宣传片《非遗里的清廉·一片冰心在箔中》,在南京发布视频号刊播;先后拍摄制作《平凡的守护》《老付"倒霉"记》《VR·vlog打卡廉洁文化教育基地|求真尚廉陶行知》等廉政教育短视频,在中央纪委国家监委网站、省纪委清风扬帆网站展播,教育引导党员干部、公职人员从"要我廉"向"我要廉"转变。

(三) 效能聚合,强化廉洁文化感召力

一是突出预防教育分众化。聚焦"关键少数"。发挥"一把手"和领导班子的"头雁效应",以换届调整为契机,向街道、部门主要负责人发送"廉政提醒一封信",督促各区属党委、党组带动下属党组织共同抓好廉政教育工作;落实好谈心谈话制度,区街两级纪检监察组织有关负责人主动与同级党政领导班子成员开展一对一廉政勤政谈心谈话,有效实现关口前移、抓早抓小。发挥年轻干部的"鲶鱼效应",将党风廉政教育课纳入中青年干部培训班课程内容,对新任领导干部、新录用公务员和事业单位人员等年轻干部,在上岗履职前组织党纪法规测试,与组织部共同开展集体廉政谈话,帮助他们系好"第一粒扣子",有效实现源头管控、防微杜渐。同时,对党员干部、公职人员加强重大节前、重点时段廉政提醒,覆盖全区70家单位全体正式在编人员以及全区各村(社区)两委班子成员,实现每周定向推送、节前及时教育,自监委成立以来已推送廉政短信75万余条。突出廉洁家风教育,联合区委组织部、区妇联共建廉洁家风教育基地,开展"我的家风家教微故事"主题征文活动,依托廉洁文化阵地,组织开展家风分享读书会、家风书法绘画等宣教活动。以"家风"为主题,原创《家廉保平安》三句半,制作南京方言版廉政微动漫《老纪说家风》,以更加年轻化的视听表达,引导党员干部培树清正家风、做廉洁表率,推动实现良好家风社风民风相互促进、共同提升。

二是突出警示教育常态化。将警示教育工作纳入年度工作考核和党风廉政建设责任制检查内容,协助区委制发《栖霞区落实警示教育常态化制度化实施方案》,每年召开全区领导干部警示教育大会。注重将廉政教育贯穿监督调查处置各个环节。在监察监督过程中开展纪法规定、反腐形势专题辅导;在监察调查过程中,组织调查对象重温入党誓词、学习纪法规定,通过撰写忏悔书、廉政忠告书、廉政家书,帮助调查对象深刻剖析反省、主动交代问题、唤醒党性初心。精准把握教育感召政策策略,统筹运用党性教育、政策感召、纪法威慑,实现严管厚爱相结合。做好监督办案"后半篇文章",制定《关于对受处分(处理)人员进行"跟踪回访"教育的实施办法》,加强对违纪违法人员的思想再教育,帮助他们重塑廉洁意识、重建纪法防线、重燃干事激情,五年来共开展回访447人次。用好监督办案"活教材",加大通报曝光力度,针对特殊时期、突出问题、重点领域、关键节点,共通报21批次42人次,持续释放从严信号。建立反面典型案例教材库,选取本区党员干部违纪违法案例,摄制《不能揩的油》《守初心,赢民心》《迷失》等警示教育片,印发警示教育材料《忏悔录》,用身边事教育身边人、用同类事警醒同类人,着力实现强震慑、固防线。

三是突出纪律教育精准化。加大类案研究,总结提炼腐败易发多发的现象、成因和特征,分析背后存在的管理漏洞、制度风险,向发案单位、主管部门制发纪检监察建议38份,有针对性地开展廉政教育。在重点部门上好"通识课",选取教育、民政、卫健、人社、城管、市场监管等与群众密切相关的部门,每年常态化召开行业性警示教育大会,既重申纪法规定又加以案例提醒,教育引导党员干部明晰"可为""不可为"。在重点岗位上好"实境课",选取财务、执法、审批窗口等岗位的一线干部,组织参观龙潭监狱、赴法院旁听职务犯罪案件庭审,让党员干部摈弃"看客"心态,达到以案说法、以案明纪的教育效果。在重点档口上好"理论课",挑选语言表达能力强、专业素质过硬的纪检监察干部,组建区纪委监委纪法宣讲团,选取党纪法规新出台、典型案例新发生的档口,深入基层单位、驻地企业开展宣讲,解读条规内涵、讲透纪法禁令。五年来,已派出宣讲94批次,覆盖党员干部5 700余人次。

二、存在不足和问题

一是旅游文化资源较为分散。受栖霞区地形影响,现有景区景点的地理位置区域跨度较大,"廉旅融合"尚未形成规模效应,从"盆景"连结成为"风景"存在一定困难。有知名度的资源较少,全区仅有栖霞山风景名胜区一家4A级景区,大众对其他景点地标的知晓度、认可度不高。

二是廉洁元素挖掘不够深入。从栖霞本地特色出发,在红色文化、家风家训、历史人物、民俗风情等领域挖掘出的"廉"元素还不多,凝练出的"廉"主题不够系统,以点带面、抓纲带目的辐射作用还不强。在培树身边勤廉典型先进方面下的功夫还不深,正向引领存在不足,学习榜样、对标典型的氛围不够浓厚。

三是廉洁文化阵地的造血功能不足。廉政教育阵地无论是教育场馆还是公园广场,初期建设大多依赖于行政部门和街道的资金投入,后期的运营和维护等缺乏人、财、物的保障,利用阵地本身创收反哺又存在一定的制度制约。在政府"过紧日子"的大环境下,廉洁文化建设这类"软指标""软任务"可能面临瓶颈。

四是廉洁文化宣传的手段比较单一。当前的廉政文化创作还不够贴近实际、贴近生活、贴近群众。在创作思路上,将受众定位为受教育者的多,作为支持者和参与者的少;在表现形式上,流于大众化、同质化的多,精品项目、特色项目少;在宣传范围上,在系统内、行政部门推广的多,向社会公众广泛推介的手段较为有限。

三、加强廉洁栖霞建设的对策建议

一是打造廉洁文化专线。全面盘点区域廉洁文化示范项目,统筹3家省、市级廉政教育基地和13家示范点的参观实践,因地制宜推进29个区级廉政文化示范点的优化出新,建成具有栖霞地方特色的廉洁文化地标。有计划、分步骤地打造一批标识突出、内涵丰富的拳头产品、特色项目、重点阵地,"串珠成链"形成观摩线路,绘制"廉洁手绘地图",为广大党员干部"廉游打卡"提供"阵地指南",共同营造崇廉尚洁的政风社风。

二是深入挖掘廉洁资源。丰富廉洁文化产品供给,深挖细掘本地非物质文化遗产、家风家教中的"廉洁因子",以金陵折扇工艺、栖霞龙舞等文化遗产和葬于灵山下的民族英雄邓廷桢家训为切入点,拍摄制作"非遗里的清廉文化""历史人物的家风故事"系列视频,实现廉洁文化活态传承。充分运用监督成果,将案件查办中发现的廉洁风险点转化成廉洁短视频、警示教育片、文艺作品,增强廉洁文化渗透力、感染力。

三是积极深化阵地共建。坚持"一盘棋"的理念,最大化实现廉洁文化阵地利用。金陵廉政文化教育馆作为多个高校、企业、机关部门的廉政教育实践基地,探索以此为试点,实施共建共享运营新模式,即教育馆为共建单位提供展示板块,共建单位为教育馆维护升级提供人才、资金支持,形成"场馆共建—成果共享"良性循环,真正提升廉洁文化阵地生命力。

四是全面拓展宣传载体。打通垂直领域,把廉洁元素融入街头绿地、社区广场等贴近群众的场地,浸润式强化廉洁文化熏陶。借螺蛳公园升级改造之机,结合螺蛳净水功能,寓意净化政治生态作用,把廉洁教育融入日常。紧贴时代脉搏,积极探索传播路径,结合5G网络、VR直播、AR互动等技术,以"阵地＋作品""线上＋线下"等形式,形成集网站、微信、报纸专栏、电视栏目、实地景观的廉洁文化矩阵。

关于地方人大专门委员会组成人员作用发挥的调研与思考

栖霞区人大办课题组、南京信息职业技术学院指导组[①]

地方人大专门委员会作为本级人大代表依法间接选举产生的代议机关常设性机构，既是顺应人大制度发展和人大职能履行而生，也是满足专业分工民意需求的制度化专门机构，其立法提案、审议议案、组织质询、执法监督等职权履行效果直接关系到地方人民代表大会及其常委会职能发挥。自1986年地方组织法对地方人大专门委员会设立正式规定以来，全国各省市人大对专门委员会的设立进行了积极探索，然而至今在法律上尚未明确强制性规定，上位法涉及组成人员的规定只有只言片语，尽管在一定程度上给地方人大工作创新留白，但客观上导致自上而下的人大专门委员会人员管理、组织运行缺乏明确的法律依据。专门委员会组成人员作为专门委员会履行各项职能的关键主体，其管理的制度规范性和人员作用发挥的主观能动性对履行专门委员会职能起着关键性主导作用，因而与之相关的管理机制、履职要求、人员结构、激励机制等内容的规范与完善显得至关重要，也是新时期加强和改进地方人大工作的改革破冰之举。

---

① 课题负责人：沈燕　专家指导：卢勇
本文在2022年度栖霞区"校地党校工作联盟"课题调研评奖中获优秀奖。

一、基本情况

(一) 地方人大专门委员会历史沿革及人员组成

1. 地方人大专门委员会历史沿革

全国人大专门委员会(法案和民族两个委员会)1954年就实际存在运行，并于1982年《宪法》中得以正名，在上位法中拥有明确法律地位，区别于全国人大专门委员会起步发展较早、法律地位明确、制度设计规范的发展进程，地方人大专门委员会建设在模糊框架下经历了从无到有、从少到多、从不规范到相对规范的历史过程，有着各具地方特色的探索经验。

1957年，全国人大常委会提出的关于健全人民代表大会制度报告中，曾经提及关于省级人大设立专门委员会的建议，但囿于当时民主法治建设尚处曲折发展时期，未能得到落实。1983年，对照《宪法》关于全国人大专门委员会组织建设要求，部分地方人大在换届选举时根据自身建设需要参照执行，探索设立了专门委员会。1986年地方组织法修改后，首次明确规定：省、自治区、直辖市、自治州、设区的市的人民代表大会根据需要，可以设法制(政法)委员会、财政经济委员会、教育科学文化卫生委员会等专门委员会。2015年，地方组织法进一步明确了县级人大根据需要可以设法制委员会、财政经济委员会等专门委员会。2017年，党的十九大报告明确提出要完善人大专门委员会设置，优化人大常委会和专门委员会组成人员结构。2022年3月，第六次修正的地方组织法明确规定省、自治区、直辖市、自治州、设区的市的人民代表大会根据需要，可以设法制委员会、财政经济委员会、教育科学文化卫生委员会、环境与资源保护委员会、社会建设委员会和其他需要设立的专门委员会；县、自治县、不设区的市、市辖区的人民代表大会根据需要，可以设法制委员会、财政经济委员会等专门委员会。自此，地方各级人大设立专门委员会有法可依、有章可循。经过多年的实践探索，地方各级人大基本都设立了数量不等的专门委员会。遗憾的是，地方人大专门委员会的建立至今未能获得《宪法》"正名"，相关制度设计、人员结构要求、运行程序等在国家层面也未有统一而明确的规定。

2. 专门委员会人员组成

2022年3月，新修订的地方组织法对地方人大专门委员会组成人员任职程序、任期作出明确规定:"各专门委员会的主任委员、副主任委员和委员的人选,由主席团在代表中提名,大会通过。在大会闭会期间,常务委员会可以任免专门委员会的个别副主任委员和部分委员,由主任会议提名,常务委员会会议通过。各专门委员会每届任期同本级人民代表大会每届任期相同,履行职责到下届人民代表大会产生新的专门委员会为止。"这是新时期进一步加强专门委员会建设新的里程碑,为各级人大深化专门委员会建设提供依据。地方人大专门委员会组成人员在组织构成上由本级人大代表组成,具有代表性,在职能运行上具有合议制属性。各个专门委员会组成人员由主席团提名,经人民代表大会表决通过,是本级人大及其常委会"代表中的代表",各专门委员会受本级人民代表大会领导;在大会闭会期间,受本级人民代表大会常务委员会领导。

通过梳理部分省市人大专门委员会工作条例,不难发现各级人大对人员组成、产生、辞职等程序性组织构成上进行了细化,但人员数量、专职化程度、身份限制等存在较大差距,这也进一步印证了地方人大专门委员会人员设置尚无相对统一的要求,各个省甚至同省各市之间差异性较大,实际工作中年龄、性别比例也参差不齐。比如吉林省规定专职委员要占组成人员的二分之一以上,其他部分省份只要求增加专职组成人员或驻会成员数量;黑龙江、吉林和江苏省对组成人员身份参照人大常委会组成人员要求进行了限制,规定专门委员会组成人员禁止担任国家行政、审判和检察机关职务……总之,在专门委员会人员组成问题上,仍有诸如如何处理专职与兼职关系、如何保证组成人员专业素养、如何科学设置人员等问题需要进一步探索。

(二) 部分地方人大专门委员会组成人员概况

1. 江苏省人大专门委员会

江苏省人大于1999年出台《江苏省人民代表大会专门委员会工作条例(试行)》,对专门委员会组织机构、工作职责、议事规则等作出明确规定。江苏省第十三届人民代表大会共设置4个专门委员会,分别是法制委员会、监察和司法委员会、财政经济委员会和社会建设委员会,共26人,其中,专职委员12人,占46%,女性委员2人,占7.7%。就专职化程度而言,江苏人大专门委员会组成人员专职化比例将近二分之一;就性别比例而言,江苏女性委员占比明显偏低,这与女性占比达到22%的浙江省人大相比落差较为明显;就人员总数而言,对比同样设置4个专门委员会的内蒙古、山西、宁夏,江苏人员总数明显较少。

2. 上海市人大专门委员会

上海市第十五届人民代表大会共设立专门委员会9个,分别是监察和司法委员会、财政经济委员会、教育科学文化卫生委员会、城市建设环境保护委员会、华侨民族宗教事务委员会、外事委员会、农业与农村委员会、社会建设委员会。各委员会人员在10名左右,组成人员共97人,其中华侨民族宗教事务委员会与外事委员会人员重复,实际履职87人,人员总数在全国31个省市中处于第10。

2020年9月,上海市第十五届人民代表大会常务委员会通过了《上海市人民代表大会专门委员会工作条例》,进一步细化了专门委员会工作职责及人员管理。其中,第七条明确要求:"专门委员会的成员一般不少于十人,并适当增加专门委员会驻会成员人数。专门委员会成员中应当有适当比例的本领域或者相关领域的专业人员和熟悉人民代表大会制度的专门人员。"这是全国唯一对人员数量进行明确的地方人大,并对组成人员专业化程度提出要求。

3. 南京市人大专门委员会

南京市第十六届人民代表大会共设立专门委员会4个,分别是监察和司法委员会、法制委员会、财政经济委员会和社会建设委员会。专门委员会组成人员总数39人,其中专职委员11人,占比28.2%,主要是各委员会主任委员及副主任委员;女性委员6人,占比15.3%,各委员会均有女性委员;专业委员7人,占比17.9%,主要分布在财政经济委员会。

表1 江苏省、上海市和南京市人大专门委员会组成人员数量情况

	专门委员会	组成人员总数	平均（人/专门委员会）	专职委员会主任兼任工作委员会主任
江苏省	4	26	6.5	2
上海市	9	97	10.8	2
南京市	4	39	9.75	2

综合比较江苏省、上海市和南京市人大专门委员会组成人员情况(表1),结合全国各省市基本情况,可以看出以下几点:一是专门委员会设置数量差别

较大,四川、贵州、吉林达到 10 个,福建只设置了 2 个,上海属于数量较多而江苏属于数量较少省市;二是各委员会平均人数差别较大,当前各省级人大专门委员会平均人数约为 9.6 人,江苏明显低于平均值;三是普遍存在专门委员会副主任委员兼任工作委员会主任的情况。

二、制约专门委员会组成人员作用发挥主要瓶颈

随着人民代表大会制度的不断完善,地方各级人大实践探索的不断丰富,地方人大专门委员会制度建设也随之向纵深发展,但仍有诸多瓶颈问题制约着专门委员会组成人员作用的发挥,进而直接影响专门委员会乃至人大及其常委会监督效能的发挥。这其中,既有体制机制层面的上层设计因素,也包含了人员结构、履职实效等实际问题,需要综合考量以求突破。

(一) 人员管理无法可依、无章可循困境仍需突破

人大工作机关的定位体现了人大的法治属性,要求人大全面担负宪法法律赋予的各项职责,推动全面依法治国,实现国家各项工作法治化,人大自身建设则更应遵循依法依规的原则。目前,法律法规对人大专门委员会组成人员职责界定都较为粗放,全国只有吉林、黑龙江、江苏、上海、浙江 5 个省市制定了省级人大专门委员会工作条例或工作规则,大部分地区尚未就专门委员会组成人员履职、管理等作出制度化规定,客观上影响了专门委员会职责分工和组织结构,与人大工作机关的法治属性定位不相符合。法律法规的缺失导致了专门委员会工作机制、议事规则、组成人员管理等涉及委员会运转的各项工作机制制定没有明确方向,因而大部分地区参照全国人大专门委员会相关工作制度进行管理。但复杂多变的地方工作实际和经济发展需求与普遍的参照管理制度存在明显矛盾,组成人员任期、结构、任免程序及履职监督机制等方面空白亟待填补,因地制宜制定地方人大专门委员会地方性法规显得尤为必要。据不完全统计,全国各省市中超过六成省市存在专门委员会副主任委员兼任工作委员会主任委员的情况,本文列举的江苏、上海、南京 3 个省市都存在这种现象,有些地方甚至由专门委员会主任兼任,客观上容易模糊两者定位和关系,各专门委员会之间以及专门委员会与常委会工作委员会之间职责亟须权威而明确的制度予以划分。

（二）人员结构不尽合理、亟待优化现象比较突出

干事创业，关键在人。专门委员会作为人大重要的常设议事机构，遵循合议制原则，其职能履行主要以会议形式。作为议事主体的专门委员会组成人员的选择是否合理直接影响着议事效果与决策科学性。当前，地方人大专门委员会普遍存在人员结构问题，主要体现在三个方面：一是专业人才占比不高，专业化程度不够。专门委员会组成人员由本级人大代表选举产生，基于人大代表广泛性和代表性的特点，其中涉及法律、财经、社会事务、教科文卫及民族宗教事务工作的代表数量本身就不多，由此产生的专门委员会组成人员专业化程度必然受到影响，五年一届的任期也不足以让原本工作领域与人大专门委员工作相关程度不高的委员深入掌握相关专业知识，进而直接影响立法监督、议案审议、调查研究等方面工作的成效。二是专职人员数量不多，充分履职存在障碍。据统计，全国各省市人大专门委员会组成人员中专职委员比例并不高，每个专门委员会只有正、副主任委员属于专职，其他委员均为兼职的现象普遍存在。在没有严格法律要求，且监督激励机制也尚未完善的情况下，兼职委员过多导致专门委员会难以集中开展调查研究、专题视察等活动，无法保证专门委员会会议讨论、审议和表决重要事项的质量，违背设立专门委员会的初衷。三是人员数量、年龄及性别设置不合理，影响作用发挥。据了解，全国有六成以上地方人大专门委员会组成人员数量达不到平均值，最少的省市只有4—5人，难以满足地方经济社会发展监督需要，更遑论提出高质量立法建议或审议专业性议案。与此同时，专门委员会人员年龄偏大、男性比例过高等问题也是地方人大共性问题。女性委员的缺位影响专门委员会工作的全面性，年龄结构的不合理易导致委员任职断层、工作热情减退等不良影响。组成人员中不乏历练过多岗位的党政领导干部，诚然在一定程度上丰富的机关工作经验为委员们开展监督提供便利，但实践中不可避免会出现"前任监督后任""老领导监督老部下"的尴尬局面，监督刚性也无从谈起。

（三）履职尽责效果不显、监督不力问题依然存在

地方人大专门委员会职能履行主要集中在立法与监督两个方面，分别体现在本级人民代表大会期间和闭会期间。人民代表大会期间，专门委员会组成人员的"智囊团"作用发挥不够。这不仅是碍于缺少独立审议程序的制度性

原因,更是由于除财政经济委员会外,其他委员会组成人员对人代会期间以委员会名义提出议案、建议、批评和意见的程序、内容知之甚少,即便知道也缺乏主动提出的契机。闭会期间,主要存在立法作用发挥不够、监督职能履行不足、联系代表群众不密切等方面问题。立法作用发挥不够的根源在于组成人员专业化程度不高,综合性、全局性、基础性重要法律草案起草、审议效果直接取决于委员专业水平和知识结构。监督职能履行除客观上受制度不健全影响外,与组成人员履职不积极、缺乏履职监督机制密不可分,部分体制内委员碍于情面,不愿"挑刺"也间接制约了专门委员会监督效果。此外,委员与人大代表和选民也缺乏长效联系制度,没有搭建良好沟通渠道,难以及时准确了解民之所向、民之所盼,不利于专门委员会监督议题选择和监督作用发挥。

三、发挥专门委员会组成人员作用路径探索

作为地方人民代表大会的重要组成部分,加强地方人大专门委员会建设,健全工作机制、增强履职实效,科学设置组成人员,激发委员主体作用,是贯彻落实栗战书委员长"以党的建设为统领,全面加强自身建设,推动专门委员会工作规范化制度化"要求的重要举措,是创新和发展人民代表大会制度理论与实践的重要内容,是发挥地方人大及其常委会职能作用的内在要求,也是新时代加强和改进地方人大工作不可或缺的重要任务。

(一)完善制度、健全机制,若网在纲以有条不紊

善为理者,举其纲,疏其网。制度为纲,组织为网,发挥专门委员会组成人员作用,准确的定位、细化的制度、清晰的职责、健全的机制缺一不可。

1. 上位法为其正名

《地方组织法》作为地方人大专门委员会的性质、设置原则、组织制度、人员组成以及职能范围等规定的直接依据,居于指导性地位。推动专门委员会建设制度化、规范化首当其冲要从顶层设计层面进一步完善《地方组织法》中有关地方人大专门委员会的规定,对提高地方人大专门委员会法律地位,增强其独立性,指导其工作机制建设具有重要指导意义。应在总结地方人大实践经验基础上,适当细化专门委员会监督方式及有关程序性安排的规定,增强专

门委员会工作的指导性。

2. 工作条例为其定责

近年来,北京、南宁、青海等相继出台了常委会组成人员履职办法以规范、促进人大常委会组成人员履职。山东省临沂市河东区出台了区人大常委会各工作委员会兼职委员管理办法。这些都是在人大层面对不同机构组成人员履职制度化建设的有益探索,也为地方专门委员会工作条例或组成人员履职办法的出台提供借鉴。目前大部分省份尚未出台针对专门委员会的工作条例,应结合地区实际,遵循指导性、针对性原则,适时制定工作条例,对人大专门委员会的组织架构、工作职责、议事规则、人员任期、监督方式等方面进行更为详细具体的规定,为专门委员会职能作用发挥建章立制。

3. 监督机制为其约束

实际工作中,专门委员会组成人员兼职占比较高,有限的时间和精力难以保障其充分履职,因而科学有效的履职约束和履职激励机制就显得极为必要。要建立健全专门委员会组成人员年度述职、履职考评和优秀委员、优秀议案评选制度,建立委员履职信息数据库,跟踪掌握每位组成人员联系代表、联系群众、参加会议、调研、监督、视察等履职情况,每年由专门委员会对委员履职情况进行考评,并处以相应的奖惩措施。同时,加强对先进履职案例、优秀议案建议的宣传报道,营造良好履职氛围。

(二)优化结构、合理配置,学有所长而术有专攻

习近平总书记在中央人大工作会议上明确指出,要"优化人大常委会、专门委员会组成人员结构"。结合专门委员会工作法律性、专业性、权威性等特点,主要从组成人员数量、专业化水平、专职化比例和年龄、性别结构等方面加以考虑。

1. 人员数量要力求合时合事

我国幅员辽阔、地区差异显著,各地经济社会发展特色鲜明、社会治理水平参差不齐,随之而来的民主监督重点及需求也各不相同。必须立足地方发展、地域和人口等实际,结合本级人大及其常委会职权、常委会总体人数以及专门委员会的工作量等综合因素考量地方人大专门委员会组成人员数量,人数过少难以满足工作需要,人数过多必然增加工作成本。不同专门委员会之

间,因具体职能任务不同也应配备不同的组成人员。

2. 知识结构要侧重行家里手

专门委员会设立的原因之一便是应对人大事物日益复杂化与专业化的需求,解决人大履职效率性与科学性的难题。对此,必须严把入口关,进一步提升委员专业人士比例,以期提高审议质量和监督水平。要保障有相关专业技术人员当选为人大代表的比例,保障人大各专门委员会中有专业对口的代表人员,有针对性地吸纳更多具有专业知识背景的代表担任委员,优化组成人员的专业知识结构,以解决专门委员会不够"专"的现实问题。

3. 专职委员要逐步提高占比

专门委员会在完成委员会自身开展立法提案、议案审议、调查研究工作的同时,还承担着协助人大常委会开展执法检查、视察、专题询问、备案审查等工作,日益复杂繁重的工作对委员履职精力和履职时间提出更高要求。对此可以参照吉林省做法,以工作条例的形式直接明确规定专职委员比例,建议至少在50%以上,并推动相关要求的落实。

4. 年龄性别要尽量合理优化

充分考虑组成人员年龄结构,适当增加专门委员会中青年委员数量,形成老、中、青相结合的梯次结构,保障至少能有一半以上的成员能连续任满两届,以确保专门委员会工作的连续性、稳定性。要结合专门委员会工作实际,考虑组成人员性别比例,确保女性参政议政权利。

(三) 夯实基础、增强实效,踔厉奋发则臻于至善

地方人大专门委员会在省级人大立法与监督中履行极为重要的程序性职能,其履职实效直接影响着地方人大权力的行使,必须进一步增强组成人员履职意识,发挥委员主体作用,以践行专门委员会设立的初衷。

1. 强化自身建设,夯实履职基础

一方面,切实抓好学习培训。针对新一届地方人大即将换届的实际情况,制订合理的学习培训计划,以脱产培训、论坛讲座、线上学习等形式,多角度、全方位提升委员自身履职能力。另一方面,持续加强调查研究。无稽之言勿听,要按照专门委员会工作要求,结合地方中心工作,就相关领域的一般或专门性问题进行调查研究,对调查研究中发现的问题要进行归纳,调查研究形成

的报告可以转化为监督选题,重大问题则形成议案向常委会提出,或于本级人民代表大会期间向大会提出。

2. 丰富监督活动,搭建履职平台

专门委员会闭会期间受人大常委会领导,地方人大应进一步拓宽专门委员会履职空间,创新监督工作方式,探索允许委托授权专门委员会听取审议专项工作报告,开展执法检查、专题询问,允许组成人员列席常委会会议、跟踪督办民生实事项目等监督形式,为组成人员履职搭建更广阔的平台。如广州市人大于2012和2013年就委托有关专门委员会听取"一府两院"专项工作报告,开展监督。与此同时,紧跟智慧人大建设步伐,为立法建议征集、预算联网监督等专门委员会工作提供更为便捷有效的履职渠道。

3. 密切联系群众,推动达情于民

弗询之谋勿庸,善于听取群众意见,才能作出科学判断。要建立健全专门委员会组成人员联系代表、联系选民机制,密切委员与人大代表和人民群众的联系,扩宽民情渠道,诸多地方在这一方面已经进行了许多尝试,比如南京市人大法制委员会设立的基层立法联系点,社会建设委员会设立的人大社会建设社区(村)观察点,需要进一步形成制度,予以规范。同时赋予专门委员会对人大信访的办理权,使委员更加全面了解人民群众关心的热点问题和社会实践中的难点问题,为确定监督议题提供参考。

文化建设篇

推动区域地情类著录与志鉴文化融合发展的路径研究

——基于南京栖霞区域地情类著录选题编撰的实践与思考

栖霞区档案局课题组、南京师范大学地理科学学院指导组[①]

区域地情类著录(又称"地情书"),是一方区域文化的重要组成部分,也是当代行政辖域志鉴编修相关题材重要的资料来源。区域地情类著录与区域志鉴都具备"资政、存史、教化"的功能。因限制相对较少,区域地情类著录的视界范围更加开阔,资料层次更加丰富,选材尺度更加宽泛;二者各有侧重、优长互见,存在着"伴生"与互补关系。自古至今有不少稀见、罕见内容因种种原因为正史、正志所避(不)载、少载、缺载,故而区域地情类著录相关记载,在一方历史文化薪火相传过程中还具有"证经补史""异同相鉴""酌盈注虚"等意义上的独特作用。

一、编撰地情类著录,是坚定文化自信的需要

党的十八大以来,习近平总书记在多个场合提到文化自信:"增强文化自觉和文化自信,是坚定道路自信、理论自信、制度自信的题中应有之义。""中国有坚定的道路自信、理论自信、制度自信,其本质是建立在5000多年文明传承基础上的文化自信。""不忘历史才能开辟未来,善于继承才能善于创新。只有

[①] 课题负责人:朱高明　专家指导:董平
本文在2022年度栖霞区"校地党校工作联盟"课题调研评奖中获优秀奖。

坚持从历史走向未来,从延续民族文化血脉中开拓前进,我们才能做好今天的事业。"这些表述都传递了习近平总书记的文化理念和文化观念对中华民族历史传承与研究的意义。

英国著名学者李约瑟曾经指出:"希腊的古代文化乃至近代英国都没有留下与中国地方志相似的文献。"全世界唯一没有间断的中华文明赓续至今,其最重要的标志,就是由汉字记载而来,也是承载中华文明"记忆"最重要的载体,具备存史、资政、教化、文史脉络清晰的史志及区域地域文化,无论历朝历代,存续并且保留到现在,为今人留下了丰厚的"温故而知新"的知识财富。

2002年9月,栖霞区有史以来第一部地方志《栖霞区志》历时三年半,经艰苦编撰最终付梓成帙。《栖霞区志》在编纂过程中,陆续搜集到不少自南朝以来相关栖霞地区的文史资料。其中,地域诗歌辑录《栖霞诗珍》,就是集成不少零散载录于各类书籍卷帙或曾经散佚的栖霞诗文辞赋的发轫之作,搜集了最早自南朝迄今1600年来400多位作者在栖霞留下的感叹存亡兴衰、回顾人生遭际、寄意以物抒怀、吟咏山川风物的千余首诗词。各类书籍零散载录的栖霞区域内许多古迹,很多都在历史上的兵燹和风雨中湮没了。还留存的栖霞古代文化印迹,不少还是从这一千多年来的诗歌辞赋中得来的。21世纪初,以《栖霞诗珍》编纂出版为标志,全方位、多层次的栖霞地情类著录与编撰出版由此肇始。追寻和考证留存的古代文化印迹,并使之能为"强、富、美、高"区域建设融合发展服务,是时代赋予一域方志人的又一项重要使命。

中华文明辉煌灿烂,是我们在世界文化思潮激荡中站稳脚跟的坚实基础,是文化自信的深厚底蕴。六朝古都南京(金陵),在中华民族数千年历史发展中具有不可替代的重要地位,发生、积累了丰融、隽永的传统文化。作为六朝古都重要组成区域,栖霞自古以来就当得起"天生丽质"的自豪,得到过"一座栖霞山半部金陵史"的相关评价。研究、整理、出版这些优秀文化传承,使之历久弥新,构筑一方乃至中华民族的文化自信的坚实根基,为实现中华民族伟大复兴聚集能量,是新时代方志人义不容辞的责任。

栖霞区在编纂栖霞地方志、《栖霞区志·资料长编》、《栖霞年鉴》的过程中,曾下大力气搜集相关栖霞地方文献、资料,撰写和编纂了不少相关区域、地域文化类著录。栖霞区志办自20世纪末成立至今,主编或参编区域地情类著录50余部,编撰成果总字数以亿计,除依国家法令法规必须按时序要求完成的《栖霞区志》以及《栖霞区志·资料长编》8卷、《栖霞年鉴》20卷的编纂工作之外,还陆续编纂出版了《栖霞诗珍》《原罪》系列丛书等一大批区域地情类著录,旨在书写栖霞之韵,赓续栖霞文脉。这些地情类著录付梓问世,改变了以往栖霞区既无"史",也无"志",更无"鉴"的情况,区域内虽然存有丰富的历史文化资源,但"养在深闺人未识"的状况,将昔日栖霞区域的"文化荒原"变成了当今的"文化绿洲",极大地增进了栖霞区的知名度、美誉度、软实力,在全省乃至全国县(区)级行政区文史编研的方阵中也具有一席之地。栖霞区志办先后陆续编撰出版的人物地情类著录《师之魂——黄质夫在南京栖霞》《风雨如磐忆江南——陈范有与江南水泥厂》[①],正在编纂的《师之范——陶行知在南京栖霞》等近现代史人物类书籍,旨在拂去历史的尘埃,真实地还原乡村教育家黄质夫、民族爱国实业家陈范有、人民教育家陶行知等著名的历史人物本来面目。

南京藏书家协会主席薛冰曾述及:"栖霞山(古称摄山)是古代'天下四绝'名山之一,千佛岩为江南唯一大型佛教石窟,《摄山志》于山之形胜、寺之源流以及相关人物、文献诗赋详加记述、兼有考证、图文并茂,是现存栖霞山(专)志中信息量最大的一部。"[②]有源于此,栖霞区志办先后主编和参编了诸如《金陵第一名秀山》《佛光——南京栖霞山千佛岩瞻礼》《灵塔——南京栖霞山舍利塔瞻礼》《圣碑——南京栖霞山明征君碑瞻礼》等系列丛书,直接为南京市委、南京市政府建设南朝石刻遗址公园计划落户栖霞区的决策部署提供考据与辨证支撑。区域地情类著录《风雨如磐忆江南——陈范有与江南水泥厂》受到相关部门和单位的重视与赞誉。2021年4月18日,在南京市"国际古迹遗址日"启动仪式上,"江南水泥厂旧址修缮工程"被评为"首届南京市十大优秀古迹遗址保护工程项目"。首届"优秀古迹遗址保护项目"奖项评选活动由南京市文旅局主办,"江南水泥厂旧址修缮工程"投资1 600万元,根据《风雨如磐忆江南——陈范有与江南水泥厂》书中提供的历史资料,坚持"修旧如故"原则,着重恢复民国建筑的历史原貌。在修缮设计和施工中,根据各幢建筑的不同残损情况,科学确定修缮方式,确保对文物建筑的干预降低到最低程度,最大可能实现文物建筑及环境的完整性、真实性,同时进行适当的绿化和环境整治,展现整体历史风貌。

---

① 《风雨如磐忆江南——陈范有与江南水泥厂》获评"十三五"规划江苏省史料典籍整理与研究重点成果。
② 《南京历代名志》,南京出版社,2017年6月第一版 P3。

栖霞区志办不局限于一般的、常规式的将高品质的地方志编研成果,以宣传推介题材的形式在招商引资、文化交流等活动中作为礼品馈赠海内外宾客,而是在工作中积极作为,服务经济社会发展,更进一步把地方志资源开发利用的层次不断推至高阶。

二、地情类著录与志鉴编撰"酌盈注虚",使一域文化传承走向多维

中国幅员辽阔,民族众多,有"百里不同风,千里不同俗"之说。天南地北不同的区域环境造成了不同的地域文化。什么样的文化才是真正的地域文化？了解地域文化对现代人有什么启示？一些学者认为,地域文化,就是最能够体现一个区域或具备一处地理范畴内某种特点的文化类型。这种文化类型的特点,与其他地域文化类型不同。什么形态可以称之为"风"？"风"就是现在或曾经的流行。但所谓流行的这种"风"影响的地域范围有限,可以形象地用"百里"这种有限的数量级范围度量,是地域文化生成的主要原因。"俗"又是什么？其实"风"和"俗"是两个概念。"俗"按照复旦大学教授葛剑雄的观点就是习惯。"风"流行一段时间以后,其中有些部分就逐渐积淀,形成习惯后固化保存下来,旧有的流行被新的流行所替代,形成新的"风"。一域或一阵流行并不一定就能形成一域地情文化或者地域文化,只有"风"逐渐嬗变为"俗",才会成为一批人,或者是一方人的习惯,才会有保存下来的可能。地域文化构成的范围很广,但是往往最具代表性几种的基本特征,无外乎为自然地理、建制沿革、方言礼仪、桑梓人物、餐饮服饰、婚丧嫁娶、民居建筑、宫观寺庙、风物特产等元素。

在中国历史上,有官方编修并传承所谓的正史、正志。历史类"志"者,有"记载""记录"之意也,从这个意义上理解,"地方志"只是偏重某种特定指向内容的记载建构。"志书"就是体裁和体例更加规范,选材相对固定,"资政、存史、教化"属性中"资政"倾向比较明显的官修历史类书籍。与之相对应的民间个人甚至是著名文史大家编撰的"稗(野)史""笔记"等另类区域地情类著述兼收并蓄,题材选择一般甚少局限,视界角度更加宽广,资料层次更加丰富,题材尺度更加宽泛；二者酌盈注虚、优长互见,逐渐成为一地独有的系列文化形态。

"笔记"是中国古代记录史学的一种文体。意谓随笔记录之言,是稗史(多

为民间和个人所修)类历史体裁。笔记形式随便,又无确定格式,诸如见闻杂录、考订辨证之类,皆可归入。其起源颇早,早期的笔记常被归纳为"小说"一类。西南交通大学人文学院教授罗宁认为,中国古代所说的"小说",并非今天人们一般理解的"小说"。中国古代"小说",尤其是在古"小说"(汉唐"小说")和文言"小说"的世界里,基本上是一种记录(record),而不是创作(create)。相比于西方的 fiction 或现代的 novel、shortstory 中的虚构来说,中国古代"小说"(文言)一般不含有虚构性,而且恰恰是反对虚构、崇尚史实的实录。古"小说"和文言"小说"的基本写作模式是见闻记录,而记录的目的和功用有教化、补史、劝惩、闲谈等特性,用西方现代的小说概念和观念去审视和研究中国古代"小说",会发生极大的认识偏差,遮蔽中国古代"小说"的真实面貌和固有价值。[①] 笔记作为一种专门体裁的书籍,起始于魏晋,经过唐宋时期的充实发展,到了明、清两代,更加风靡兴盛。正式把"笔记"用于书名的始于北宋的宋祁,著有《笔记》三卷。笔记亦有用载、编、史、乘、论、考、辨、录、琐言等署题。凡此种种,不一而足。

历史掌故类笔记主要记录掌故遗事、民情风俗、人物逸闻和山川景物等,较为有名的如唐代刘悚的《隋唐嘉话》、李肇的《唐国史补》、赵璘的《因话录》,宋代司马光的《涑水记闻》、欧阳修的《归田录》、吴自牧的《梦粱录》,元代王珲的《玉堂嘉话》、陶宗仪的《南村辍耕录》,明代陆容的《菽园杂记》、郎瑛的《七修类稿》、朱国桢的《涌幢小品》、沈德符的《万历野获编》,清代刘献廷的《广阳杂记》、王士禛的《池北偶谈》、李斗的《扬州画舫录》、戴璐的《藤阳杂记》、昭梿的《啸亭杂录》,等等。

考据辨证类笔记唐代始独树一帜,并有所发展。相关题材记载,如唐代封演的《封氏闻见记》、苏鹗的《苏氏演义》和李匡乂的《资暇录》是其代表。以后宋代有沈括的《梦溪笔谈》、洪迈的《容斋随笔》,南宋王应麟的《困学纪闻》。到了清代,自顾炎武撰《日知录》始,至乾隆嘉庆间,考据之学大盛,此类笔记更加增多。就是考据学这种治学方式,很多论据的佐证,就源自相关区域地域文化的著述。赵翼《陔余丛考》、王鸣盛《蛾术篇》、钱大昕《十驾斋养新录》、俞正燮《癸巳类稿》和《癸巳存稿》均是其佼佼者。以上所录,皆不以"志"为名,但其内容全为地情地域范畴的内容。笔记所载,虽多是些琐碎片段,但因有闻即记,

---

① 罗宁:《中国古代小说概念和小说观念》,2017 年 4 月 4 日,在浙江大学之江校区的学术报告。

较官修史籍往往更生动真切,其中不少题材还为正史所不载。正因为这种原因,很多历史结论的形成,还少不了笔记类历史题材的相关佐证。区域地域文化的逐步积淀和形成,为地方志、"小说"、笔记提供了丰富的资源,开当代区域地情类著录之先河。

由此可见,"方志"仅是区域地情类著述中体例相对规范、由官方主持编撰、具备一定权威意义的一种记载形式。

历代修史,其记载的题材与内容很多都源自郡县辖域的方志,不少传世千古的文章最早都是载录于地方志而流传,成为中华历史文化中的灿烂瑰宝,学界历来有"史以志而载,文因志而彰"的说法。著名方志学者董一博曾说过,方志文化"导其振兴腾飞之机,策其安上全下之术,以居高瞻远者之韬略雄策,唤起人们之爱乡爱国之雄心壮志,循康庄大道而奋斗前行"。

迄今为止,栖霞区域全部九个街道在栖霞区志办的指导和参与下,都已编纂出版或即将出版街道区域地情类著录,虽然还不是严格意义上的街道辖域志,但涵盖了街道辖域内自然地理、建制沿革、道路交通、往事纵横、文化遗存、地名掌故、民间逸事等框架内容,"一街一品"工程实现全区覆盖,此举为全国区(县)级行政区域首创,也为全域街道志编撰全面开展打下了坚实的基础。即便每年一卷《栖霞年鉴》的综录部分,诸如"栖霞掌故""往事钩沉""邑人档案"等内容,不少都是来自辖域地情类著录记载。

三、区域地情类著录编撰,具备"证经补史"的功用

现代史中的栖霞地区,既是抗日战争期间南京保卫战的重要战场,又是侵华日军南京大屠杀的重灾区,还是栖霞民众奋起抗击日军许多重要史实和事件的发生之地。

早在2007年11月纪念抗日战争全面爆发70周年之际,栖霞区地方志办公室(栖霞区志办)、栖霞区档案局(馆)编纂出版了《原罪·侵华日军在南京栖霞暴行录》一书,并且有把《原罪》系列作为丛书纳入陆续出版的设想,制订了继后出版的规划。

时隔两年,2009年12月,在震惊世界的侵华日军南京大屠杀发生72年之后,栖霞区志办、栖霞区档案局(馆)又编纂出版了《原罪》系列丛书第二部《原罪·判研集》,邀约全国范围内的专家学者集中控诉侵华日军南京大屠杀的暴

行,并以此祭奠惨死在侵华日军屠刀下的三十万蒙难者亡灵。此后6年,栖霞区志办的工作人员,对栖霞区域内中国军民抗击日寇的史实、侵华日军罪行新证的搜集和研究一直没有停止和间断,并且不断有新的发现和新的收获。2015年,时值世界反法西斯战争暨中国人民抗日战争胜利70周年之际,《原罪·补遗集》①作为《原罪》系列丛书的第三部,应时列入编纂日程。

《原罪·补遗集》作为《原罪》系列丛书的第三部,旨在"补遗",其编纂的重点是在《原罪·侵华日军南京大屠杀》《原罪·判研集》两书的基础上,进一步搜集自2007年以后陆续发现的南京地区特别是与栖霞地区相关的侵华日军南京大屠杀的新文献史实、新的重要研究成果以及重大的纪念和祭奠活动资料,尤其把南京保卫战战史作为编纂注意力的聚焦之处,以与全国纪念世界反法西斯战争暨中国人民抗日战争胜利70周年的主题相契合。

据此,相关编撰人员在短短的三个月左右的时间内,搜集及查阅了近20种、80余部(卷、册)、2 000余万字档案资料,从中梳理和筛选出新发现的相关栖霞地区抗击日寇纪实、侵华日军栖霞地区罪行新证、祭奠南京大屠杀死难者等三大部分约40万字的资料,几经考订,编撰成帙,再一次用文字和图片呈现出78年前南京保卫战的空前惨烈,以及惨死在侵华日军屠刀下30万同胞血流成河、遗骸如山、浮尸蔽江、白骨堆垒那一幅幅惨绝人寰但并不十分遥远的历史画面。

栖霞地区是南京保卫战期间战斗最激烈的地区之一,侵华日军最精锐的第十六师团向紫金山、中山门、太平门一线进攻,日军第十三师团向龙潭、栖霞山一线进攻,日军的海军舰队沿长江西上,向栖霞境内的乌龙山炮台、江宁要塞等地进攻,两军血肉相拼,前所未有。该书搜集了战时的有关南京战事报告《东线战事》,以及南京大屠杀史研究专家孙宅巍的学术专著《南京保卫战史》有关栖霞地区的章节,郭沫若、田汉在1939年编著的《血肉长城——抗战前线将领访谈》中的篇章《记最后退出南京的叶肇将军》②,还有中国青年报记者戴袁之近年调查的新材料《抗日将领南京获救记》,以及《栖霞文史》上的一些亲历者的回忆录《"金陵孤儿义勇军"遗事考》《炮台遗址忆硝烟》等,另外还有数篇原侵华日军官兵的有关回忆录。这些不同作者从不同维度、不同立场撰写

---

① 《原罪·补遗集》,2018年获江苏省档案文化精品评选一等奖。
② 郭沫若、田汉:《血肉长城——抗战前线将领访谈》,上海科技文献出版社,2005年,p.127—134。

的文章，多方面地反映了中国军民在栖霞地区抗击日寇的英勇悲壮的战斗，印证了中国人民的伟大爱国精神和不屈不挠的顽强斗志。

《原罪·补遗集》设有"侵华日军栖霞地区暴行新证"板块，收有日本著名友好人士、日本"铭心会"会长松冈环的调查文章《探寻参与南京大屠杀太平门集体屠杀的日本老兵在南京的宿营地》。这是一篇极其重要的文章，是近年来中外侵华日军南京大屠杀相关研究中最重要的收获。早在20世纪80年代，南京市政府在侵华日军南京大屠杀遇难同胞丛葬地建立了20多座纪念碑，太平门（原栖霞辖域）并没有建立纪念碑的规划，在当时史料中，没有发现侵华日军在这里大规模屠杀中国军民的史料记载。直到21世纪初，松冈环在向参与南京大屠杀的日本老兵做系统的访问调查时，才得知日军曾在太平门下，一次就集体屠杀中国军民1 300多人，十分残忍而血腥。这是侵华日军南京大屠杀又一桩重要罪证，是当时中国学者尚未掌握的极其重要的内容。松冈环女士为南京大屠杀研究做出了重要的贡献。基于此项重大发现，2007年12月13日，南京市人民政府在太平门隆重竖立了一座新的纪念碑。另外，该书还分区分片，搜集、整理了侵华日军南京大屠杀的调查访问史料和市民亲历者的口述史料，以及数篇侵华日军官兵的有关回忆录，从正、反两个方面，以无数的铁一般的证据，揭示了侵华日军南京大屠杀的滔天罪行。

《原罪·补遗集》载有南京保卫战牺牲将士和南京大屠杀死难者重大纪念和祭奠活动资料，设有"祭奠南京大屠杀死难者"专栏，搜集了不少珍贵稀见、罕见记录，如参加南京保卫战的广东部队第六十六军于1939年1月，在江西信丰祭奠牺牲官兵规模空前的追悼会文章《信丰招魂》等文集。

《原罪·补遗集》为继续深化研究侵华日军南京大屠杀史提供了新的史料。其中许多史料，例如，战时有关南京的战事报告《东线战事》，郭沫若、田汉在战时编著的《血肉长城——抗战前线将领访谈》中的篇章《记最后退出南京的叶肇将军》，以及《抗日将领（廖耀湘等人）南京获救记》，发生在辖域的《"金陵孤儿义勇军"遗事考》《炮台遗址忆硝烟》《日军大屠杀的调查访问史料和市民亲历者的口述史料》，松冈环的《探寻参与南京大屠杀太平门集体屠杀的日本老兵在南京的宿营地》《信丰招魂》[①]等，都是极为难觅的资料，研究价值极高，弥足珍贵。历史将证明，在当时情况下，《原罪·补遗集》的问世必将在南

---

① 费仲兴：《城东生死劫》，中国工人出版社，p.180—188。

京市乃至江苏省和全国人民正在开展的爱国主义教育、匡正社会行为方面发挥巨大的宣传教育作用,为抗日战争史与侵华日军南京大屠杀史研究提供确凿有力的历史证据。

史学界尤其是考据求证公正严谨的学术正流,其中素有"孤证不立"的原则,从某种意义上来说,重视相关有价值、因为种种原因散佚的历史资料收集和考证,为区域社会发展提供相关支持和服务,正是区域地情类著录编撰的价值所在。

《贞石——南京栖霞地区历代碑刻集成》的出版,正是栖霞区志办落实习近平总书记要求,朝向中华民族近代以来最伟大梦想不断趋近的一种努力。南京现存的诸多古迹之中,最足以展示历史血脉与文化传承的,莫过于历代碑刻文献。栖霞地区在南京历史上历来具有特殊的地位,在历代碑刻文献储藏方面,堪称金陵历史文物的宝库,无论从其数量、种类抑或价值影响考量,栖霞区都可谓以一域之力,支撑起南京碑刻的半壁江山。大型城市石刻文献《贞石——南京栖霞地区历代碑刻集成》适时问世,以汇集文献资料、继承优秀文明的方式,把跨越时空、富有永恒魅力、具有当代价值的文化精神弘扬起来,总结六朝古都数千年风雨历程,迎接全面建设社会主义现代化国家的新征程。

《贞石》的出版,是南京栖霞区志办暨区文化、文物工作者,历经整整十年辛劳,不断梳理、研究,颇为不易地取得的结果。这些研究者经过数茬接力,对辖域内包括碑版、墓志、地券、摩崖题刻、造像记在内的石刻文献题材予以搜集整理,从酝酿策划、拓片制作、拓片搜集到文字落实、编辑、核对审校等数个阶段,终于在项目启动十年之后,2021年5月,由江苏人民出版社出版发行。

《贞石》内容体量颇大,分为"六朝""唐宋""明朝""清朝""民国"五章,前有专家撰写的长篇研究性序言,后附栖霞区佚失碑碣石刻表等。收录的每件石刻均有"释文""拓图""简介"三项内容,资料翔实,且颇富学术价值。

《贞石》出版面世,全面展示了栖霞区作为区(县)级行政辖域所拥有的丰富历史碑刻资源,迄今为止在南京地区无出其右,彰显了栖霞乃至南京地区丰融的历史文化内涵和底蕴。相比其他地区出版的金石类书刊图录,《贞石》有以下几个特点:

其一,内容丰富。栖霞区志办早在十年前便筹划编纂《贞石》一书,同时启动了对辖域内历史碑刻的全面调查,并联系镇江焦山碑林的专业人士对碑刻进行椎拓工作，其间还借用了栖霞古寺所藏的拓片，并得到文博工作者、金石收藏爱好者的大力支持。书中收录碑版、墓志、地券、摩崖题刻、造像记、砖铭等近 300 件、计 350 幅拓片影印照，时间跨度自三国孙吴至民国近 1 700 年，是一部展示栖霞区碑刻宏大规模的通景式著作，堪称古都南京浩瀚的传世文献之林中又增添了一部"石头史"。

其二，资料珍贵。南京是著名的六朝古都，而六朝时期的陵墓主要分布于南京栖霞山及其周边地区，在这片区域发现的东晋南朝时期的包括神道石刻与地下埋幽之铭——墓志以及南朝至唐代的佛教造像等，其数量之多，价值之高，可谓独步风骚，早已成为中国形象史学不可或缺的组成部分，并在学术界掀起过波澜壮阔的史诗级论辩，堪称特定时期国家层面文化艺术无与伦比的最杰出代表。而这些无比珍贵的材料，全都一一收录于《贞石》一书中，由此可见《贞石》的收藏和传承价值。

其三，释文精准。对于历经岁月沧桑，已经漫漶剥蚀的历史碑刻而言，提高释文与句读的准确性，毫无疑问是书籍质量的关键一环。在这一方面，《贞石》的编纂者殚精竭虑，倾注了极大心力。在初步的释文、句读工作告一段落后，由特约南京师范大学古文献专业的专家教授细致审核校订。故而该书对诸如陈朝江总（字总持）碑、唐代明征君碑、宋代抗金名将王德碑等碑文的释录，其精准程度不仅优于传世文献的著录，也超越了近年出版的金石类书籍。南朝梁始兴王萧憺碑是书法史上的千古名碑，此碑篇幅庞大，但风化剥蚀严重，在《贞石》的编纂过程中，也对晚清以来金石学者王昶、陆增祥、莫友芝、严观、方若、鲁迅、朱希祖、孙贯文等关于萧憺碑的释文进行了一次会校覆核，理清了萧憺碑存世诸文本的来源与脉络的谜团。

其四，史料新颖。《贞石》的编纂过程，也是不断发现、考证、研究的过程。20 世纪 50 年代全国第一次文物普查期间在栖霞山定照庵旧址发现的明代碑铭，与王世贞、董其昌等名流皆有密切关系，碑文内容对于栖霞寺乃至南京佛教历史而言均是非常重要的新材料，但因为置办的年代晚，故明代万历年间葛寅亮编著的《金陵梵刹志》等志书均未予收录。这批碑刻近年被重新发现，此次集中收入《贞石》书中，尚属首度被著录。

早年文物普查时曾发现辖域燕子矶街道下庙村出土的一方残墓志，文字风化漫漶，断续可辨识者不足原文四分之一，原拟放弃不用，后经编纂者努力，终考证出墓主为清代南京著名学者、《四书大全合订》的作者、康熙己丑进士黄越,为南京发现的寥寥无几的清代墓志增添了一件重要的材料。

《贞石》收录的栖霞区甘家巷一带出土的清康熙朝总兵官李友臣墓志也引人瞩目。墓主李友臣,康熙四十年(1701)曾被任命为台湾镇总兵,时大陆米价高昂,驻守台湾的清朝文武官员"悉市米售内地渔利,累民鬻子女输之",李友臣察知后,旋即立碑禁止了这些驻台官员损害民生、徇私枉法的行为。福建福宁地区发生饥荒时,李友臣又在台湾组织米粮赈济,使福宁合邑军民"存活数万",百姓感激涕零,共为李友臣立碑以纪功德。李友臣致仕后生活、安葬皆在南京。如果不是编纂者对李友臣墓志的细致解读,则古都南京与宝岛台湾在清初的这一段情缘,竟湮没于历史的尘埃而不知何时会被发现了。

社会建设篇

栖霞区贯彻落实"双减"政策的实践研究

栖霞区委党校、栖霞区教育局课题组，
南京市委党校公共管理教研部指导组[①]

2021年7月24日，中共中央办公厅、国务院办公厅印发了《关于进一步减轻义务教育阶段学生作业负担和校外培训负担的意见》（以下简称"双减"），并发出通知，要求各地区各部门结合实际认真贯彻落实。自中央两办出台"双减"政策以来，在区委、区政府的科学领导下，各相关部门积极响应、迅速行动，坚决扛起"双减"工作责任，校外治理与校内提质联动，制度建设和监督检查并进，切实找准减负切入点，把牢增效生长点，打好系列组合拳，确保"双减"工作落地见效。

一、栖霞区义务教育基本概况

栖霞区现有特殊教育学校1所，义务教育阶段学校63所（小学41所，初中18所，九年一贯制学校1所，十二年一贯制学校2所，完全中学1所），学生66 381人。其中，民办学校5所（不含2所外籍人员子女学校），学生9 287人。

截至2022年6月，栖霞区从事校外培训机构共560家，从业人员3 118人，培训学员人数42 033人，预收费总额6 784.9万元。其中，学科类培训机构35家，23家明确注销，11家明确转型，1家继续开展学科类培训机构（南京海

[①] 课题负责人：沈芸　专家指导：陈华
本文在2022年度栖霞区"校地党校工作联盟"课题调研评奖中获一等奖。

博教育培训中心,性质:民办非营利),压减率达97.14%,实现了大幅压减的目标,有效减轻学生校外培训负担。

二、栖霞区贯彻落实"双减"政策的主要做法及成效

贯彻落实"双减"政策事关中小学生健康成长,事关人民群众切身利益。新时代贯彻党的教育方针,就是要落实立德树人根本任务,把"双减"作为一项重要政治任务抓紧抓好,坚持素质教育,深化教育改革,多措并举提升校内教育教学质量,丰富课后服务供给,加强校外培训机构规范管理,促进学生全面发展和健康成长,努力办让人民满意的教育。一年来,栖霞区贯彻"双减"政策,立足高质量教育体系建设,始终坚持问题导向、目标导向、结果导向,多措并举、上下联动,持之以恒地推进"双减"工作落实落细,努力提升人民群众的教育获得感和满意度。

(一)将科学统筹理念牢牢贯穿于"双减"政策全流程

做好"双减"工作,就是要贯彻落实中央政策,克服"不会减""不敢减"的传统思想,在科学设计和高位统筹上做文章。一是强化组织保障。区委、区政府从旗帜鲜明讲政治的高度做好"双减"工作部署,把落实"双减"工作作为践行"两个维护"的具体行动,建立由区委政法委、区委宣传部、区委编办等27个部门组成的"双减"工作联席会议机制,出台《关于进一步减轻义务教育阶段学生作业负担和校外培训负担的实施方案》(栖委办字〔2021〕37号)和《关于全面深入做好中小学课后服务工作实施方案》(宁栖政办字〔2021〕25号),统筹推进全区"双减"工作。二是健全推进机制。区教育局成立"双减"工作领导小组,建立工作日报制,常态化组织召开"双减"文件精神学习会、工作研讨会,邀请南大教授、省教研室专家等进行专题讲座,提高政策领悟力、感召力和执行力。修订完善《栖霞区义务教育阶段学校作业管理实施办法》,将"双减"要求纳入栖霞区中小学综合评估指标,纳入栖霞区中小学素质教育质量评估指标。三是建优督导制度。区政府教育督导室将"双减"工作列为督导的首要专题,建立重点挂牌督导与驻点挂钩指导制度,确保责任督学挂牌督导覆盖所有义务教育学校。建立问题台账和跟踪反馈机制,畅通家长反映问题和意见渠道,切实督促学校规范落实,扎实推进"双减"工作。

（二）将高效运作机制紧紧贯穿于工作举措全链条

想法决定办法，思路决定出路，机制决定模式，模式决定效果。栖霞区"双减"工作始终坚持高效运作的理念，站在政治的高度、民生的角度、发展的维度，坚持政府主导、多方联动策略，在全区上下的共同努力下，支持"双减"政策改革的良好氛围日渐浓厚。一是开展综合评估，加速产业有序发展。区教育局联合区行政审批局，对区内登记注册的教育培训机构进行清查，为教育培训机构提供营转非或注销指导服务，依法对职业技能、体育、文化艺术、科技等非学科类校外培训机构进行登记。协同区民政局，加强对校外培训机构类社会组织的规范管理，严格年度检查和审核工作。与区发改委、区市场监管局、区科技局、区城管局等部门联手核对辖区内义务教育阶段线下学科类校外培训机构名单，堵疏结合、分类治理，确保校外培训机构依法规范经营。二是做好应急处置，有效构建安全屏障。随着课后服务工作的提档升级，全区中小学生的离校时间普遍有所延迟，区公安分局主动对接全区各校，调整护学岗的时间安排，安排充足警力确保继续做好护学岗工作。一旦发生涉校、涉师、涉生相关事件的处置工作，区公安分局第一时间抽调专门力量，配合区教育局、各街道做好应急事件的快速处置工作，助力校园平安稳定。三是紧扣问题治理，筑牢和谐稳定基石。面对校外培训机构专项治理过程中的矛盾与问题，成立由区委政法委、区教育局、区市场监管局、区法院牵头的区、街两级 24 个部门教培机构涉稳风险处置工作专班，下发《栖霞区防范化解校外培训机构风险工作方案》，组建"综合组""处置组""维稳组""宣传组"，形成以区教培机构涉稳风险处置工作专班统筹协调、上下联动的联防工作体系。

（三）将赋能优质做法时时贯穿于教书育人全方面

做好"双减"工作就是要回归教育本质，其根本之策在于全面提高学校教学质量，强化学校教育的主阵地作用，进一步提升教育质量，办好人民满意的教育。一是资源整合"一体化"。发挥区域优势，统筹爱国主义教育、科技创新教育、劳动教育、阅读教育、心理健康教育等学生综合素养发展研究联合体工作。深化校地合作，加强与驻地高校、科研院所等的深度合作，积极开发和整合优质教育资源。区教师发展中心分学段组织练习设计专题培训，随机进行"双减"专题视导，提高课堂教学效率。二是引领服务"多元化"。区教育局积极构建"四个时段"课后服务新样态:第一时段指导作业,全力压减学业负担;第二时段答疑辅导,全程提供学习支持;第三时段社团活动,全面发展兴趣特长;第四时段托管服务,全情陪伴学生成长。此外,联合区文旅局等部门开展体育教练员进校园活动,先后选派击剑、柔道等教练员,参与课后服务,丰富学生课后生活。全区义务教育学校每周开设昆曲、花样游泳、击剑、棒垒球等1 000余种5 651个社团,供学生自主选择,为学生全面发展、个性成长提供时间和空间。栖霞区课后服务工作被市教育局点赞,被《中国教育报》专题约稿。三是一校一案"品牌化"。区教育局不断加强内涵建设,以"双减"工作为突破口,加大教育教学研究力度,各项成果显著,区域影响力不断增强。2021年,八卦洲中心小学《乡村儿童"田野学习"20年实践探索》获江苏省基础教育类教学成果奖一等奖,金陵小学《链接世界的小学生生态科技体验学习》、南京晓庄学院附属小学《"生活实践"教育的25年探索》获江苏省基础教育类教学成果奖二等奖。金陵小学《指向"世界儿童"培养的生态科技体验学习研究》获评江苏省基础教育前瞻性教学改革实验项目优秀实施项目。栖霞中学"劳动教育"课程基地获评省级优秀项目。

"双减"工作推进以来,栖霞结合实际,融合特色发展、内涵发展,进一步完善师德师风建设机制,巩固师德建设成效,教育教学成果硕果累累,组织参加2022年国家义务教育质量监测,先后创建全国义务教育发展基本均衡区、全国中小学校责任督学挂牌督导创新区、江苏省幼小衔接示范区、江苏省社区教育示范区、江苏省学前教育改革发展示范区等。八卦洲中心小学课题被立项为2022年教育部重点课题(全国仅有6所小学立项,该小学是南京市唯一立项的小学)。省级中学课程基地建设项目立项2个,市级基础教育教学改革前瞻性项目立项1个,市级中学课程基地建设项目立项2个,南京市品格提升工程项目立项4个。

三、栖霞区贯彻落实"双减"政策面临的主要问题

贯彻落实"双减"工作不是一朝一夕就能完成的,而是一项长期而艰巨的重要任务,是一项复杂的系统工程,贯彻落实工作永远在路上,永远进行时。一年来,栖霞区在贯彻落实工作中,充分发挥政府、学校、家庭、社会等多方合力作用,齐抓共谋善治,尝试有益探索,取得了阶段性成效,但仍存在问题与挑战。

(一) 政策执行还不够彻底

由于长期受教育内卷的标志——升学指挥棒的影响,学生的考试成绩仍然是学生升学的重要因素,虽然学校执行了"双减"政策,但社会的舆论宣传力度不够,许多学生和家长甚至我们一些教育工作者还没有从根本上认识"双减"的重要性,因此为了提高学生考试成绩,部分老师在减少作业布置量方面动力不足;一些家长为了提高孩子考试成绩,仍然给孩子报各种培训班;部分学生为提高考试成绩,主动做课外作业,这使得"双减"政策的执行并不彻底。

(二) 教育资源分布存在一定失衡

优质教育资源广泛覆盖,缩小城乡、区域特别是同一区域校际差异,让每一个学生都能在校内享受到公平、优质的教育资源,是"双减"稳步推进的重要基础。调研发现,在区域学校之间,优质师资存在分布不均衡,部分区域对引进优质教育资源需求较突出。栖霞地域东西狭长,地处龙潭、八卦洲的远郊学校在课后服务形式、服务内容、服务质量等方面受到一定的资源限制。

(三) 校外培训机构治理风险突出

在"双减"政策家校社协同共育的建设过程中,校外培训机构治理与转型发展逐渐成了政策落地推广的主要矛盾聚焦点。伴随着"双减"政策的出台和实施,区域性校外培训机构开始先后谋求转型发展。但转型后的校外培训机构却在人员分配、日常管理、市场契合与定位、整体服务质量保障等方面对政策推进工作提出了挑战,在机构转型发展的涉稳风险之下,相应的治理问题随之凸显,并最终对"双减"政策的整体推广成效造成了反向负面影响。调研发现,有些机构和个人以"一对一""高端家政""送教上门"等形式违规进行培训,由于开展形式隐蔽,增加了治理风险。此外,培训机构普遍使用预收高额学费方式,个别机构存在"卷钱跑路"的现象。

(四) 教师时间与精力难以保证

"双减"政策的实施对学校、学生和家长产生了深刻影响,教师既是此次改革任务的承担者,也是改革带来的压力和后续效应的承受者。调研发现,随着课后服务的全面实施,教师每周人均增加课时 5—7 节,每天实际工作在 10 小时以上。此外，校内"三提"对教师的业务能力提出了更高要求，教师们迫切需要加强学习，接受专业引领。但是，教师目前的工作时间较以往长，工作负担较以往重，势必影响到身心健康，进而影响育人质量。

四、栖霞区贯彻落实"双减"政策的若干思考

教育是国之大计、党之大计。"双减"工作事关民生工作，事关社会稳定，今年是推进"双减"工作的关键之年、攻坚之年，做好"双减"工作就是要始终站在为党育人、为国育才的高度，坚守立德树人的教育使命，努力把"双减"工作转化为回归教育本质、提高教育质量的具体举措上来，转化到服务栖霞经济社会高质量发展的具体方案上来。

（一）高举政治旗帜，肩负教育使命

习近平总书记强调，教育是民族振兴、社会进步的基石。要坚定从"国之大计、党之大计"的高度认识教育的战略定位，要从肩负"培养德智体美劳全面发展的社会主义建设者和接班人"崇高使命和任务高度，把握教育的战略方向。始终高举起这面党和国家关于教育的政治旗帜，站在为党育人、为国育才的高度，全面思考学校高质量发展的路径和方法。基于此，才能更好地思想专一，认识统一，目标明晰；就能抵御不良言论的负面影响，敢于同变相执行甚至抵制执行"双减"政策的行为进行坚决斗争，并予以纠正。

（二）注重赋能增效，抓住两个关键

一方面，提升校内课后服务水平。发挥课堂教育主阵地作用，着力深化教研教改，引导教师强化教学基本功训练，创新教学模式，加强教材研究，提升课堂教学质量。积极引进音乐、体育、美术等紧缺型教师，组织教师参加科普、文体、艺术等培训活动，提升教师综合能力，进一步满足课后服务专业化指导需求。此外，可探索通过政府购买公共服务的方式，让校外培训机构为学校提供规范优质的课后服务。另一方面，加强校外培训机构监管。强化安全意识、坚持底线思维，持续强化校外培训机构监管，严格审批登记，全面落实"黑白名单"、信息公开等制度，加强教师资格、培训教材、培训课程等方面管理，防止学科类培训反弹。加强预收费风险管控，可借鉴苏州高新区采取第三方托管培训费,在一定程度上杜绝卷钱跑路问题。此外,积极引导校外培训机构发挥师资、技术等方面优势,把培训重点放在学生兴趣培养拓展上,积极为学生提供特色化、差异化教育培训。

(三) 找准发力区域,着力三个重点

一是推动师资队伍再建设。充分聚焦教师的外部动力与内部动机,可以借鉴区内"时间银行"模式,将教师课后服务时间进行存储,待有需要时,可用这些已储存的时间进行兑换,在一定时间内实现弹性上下班愿景;此外,积极强化教师党政理论思想引导,结合党史学习教育常态化长效化,督促教师在德育思想建设过程中不断抓落实、找差距、守信仰,深入做好育人育德工作,为双减育人工作提质增效。二是推动家校协同再齐力。广泛开展家庭教育知识宣传活动,通过举办专题讲座、主题沙龙、发放书籍等形式,让家长了解最新教育理念、交流方式,改变教育观念心态和育儿方法,实现家长与孩子真正的有效沟通。借助工会寻找"最美家庭"活动,选树一批值得学习的家庭典范,发挥典范引领作用,大力宣扬典型家庭故事,弘扬好家训、好家教、好家风,推动形成相亲相爱、向上向善、共建共享的家庭文明新风尚。三是推动社会舆论再引导。区教育局配合区委宣传部,一方面充分立足于多元媒体资源,积极调动区属媒体新闻力量,开展政策解读和舆论引导工作,增强广大学生及其家长对国家政策的理解,引导广大群众认同、支持"双减"政策的推行。另一方面,充分聚焦于网络舆情监控,了解相关网络舆情信息,分析研判舆情发展趋势,及时向有关部门通报网上群众呼声,为上级决策和各单位顺利开展工作提供信息支持,为"双减"政策的落地实践提供舆论保障。此外,加强公益广告投放,引导社会各界和广大家长形成科学的教育观、成才观,营造良好社会氛围。

(四) 拓展执行方式,统筹四种资源

一是统筹高位推动资源。补齐补足教师岗位编制,从源头保障师资力量。建议加强青年教师培养力度,加大优秀教师交流轮岗力度,推动优质师资均衡配置,完善结对帮扶机制。定期开展近郊与远郊中小学教师交流,加强教师教学经验交流,积极推动近远郊间、学校间优质教育资源共享辐射,进一步缩小校际教育资源配置差距。二是统筹成果共享资源。学校应在教研教改上不断下功夫,做加法,教育工作者都应有大格局、大情怀,不加重"内卷",不制造焦

虑，可通过"集体备课"等形式，发挥集体力量，减轻个体负担。此外，加强教师教学密切配合的引导，实现优质教学课件、教学资料等资源共享、信息互通、作业互用，切实做到"减负"不减质。三是统筹社会教育资源。一方面，可联合驻区高校，多渠道、多层次开办"课后服务专题培训班"，对在职中小学教师开展作业设计辅导、课后服务课程开发、家庭教育指导等方面的培训。坚持"五育并举"，深化课后服务"课程化"设计，实现与学校校本课程深度融合。另一方面，充分聚焦社区育人环境因素，从学生的综合素质培育与成长角度出发，充分结合《家庭教育促进法》相关细则中的具体规定，进一步明确学校、家庭、社区三者在联动性"双减"育人环境保障中应尽的各项责任与义务，并立足于良好的家风建设与社区德育文化建设净化学生的心灵，为学生提供更优质的课后服务拓展资源，打造"家校社"三位一体协育机制。四是统筹信息技术资源。以教师网络研修建设的区域探索为契机，加强"智慧学校"建设，不断利用好网络资源，走"智慧减负"的道路。继续开展网络教研，丰富线上教研的内涵，弥补线下教学的不足，把网络教研作为区级教研的一项常规教研活动，常抓不懈，并拓展延伸。同时加强引领，鼓励尖子学校，带动一大批薄弱学校，完善激励机制，把网络教研变成教师们自觉自愿的行动，最终使每位教师都成为网络教研的参与者和实践者。

分级分类：养老服务供需精准化创新研究

——"栖彩颐养"社区居家养老服务栖霞实践

栖霞区民政局课题组、南京中医药大学养老与管理学院指导组[①]

随着人口老龄化程度不断加深，老年人多样化养老需求对社区居家养老服务供给提出了"更加精准、更加精细、更加专业"的新要求。南京市栖霞区积极构建"栖彩颐养"社区居家养老服务系统，从老年人经济状况、能力等级、年龄三个维度将老年人细分为"三级"，分别赋予"七色"服务标准，实现"老年人分级照护、服务内容分类管理、社会组织分业服务"的养老服务精准供需匹配和精细化管理，探索实现养老服务由粗放型向精准型、供给侧向需求侧、基础型向专业化、政府提供为主向政社共同提供转变，以提升老年人生活品质和促进养老服务高质量发展。

一、问题提出

栖霞区总面积近400平方公里，下辖9个街道，126个社区。截至2021年底，全区户籍人口55.39万，其中60周岁以上老人11.3万人，占全区户籍人口20.4%，80周岁以上户籍老年人17 715人，占老年人口的15.7%。栖霞区已进入"深度老龄化社会"。近年来，栖霞区贯彻落实积极应对人口老龄化国家战略，不断健全养老服务体系，社区居家养老服务能力、水平和质量有了长足进

[①] 课题负责人：于怀忠　专家指导：田侃
本文在2022年度栖霞区"校地党校工作联盟"课题调研评奖中获三等奖。

步,但与人民群众对高品质生活的美好期待相比,依然存在着社区居家养老服务供给能力有待提升,专业化、个性化养老服务供给相对不足,差异化需求未能得到充分满足等问题,影响了人民群众获得感、幸福感的提升,亟待探索更加精细更加精准的供给与管理模式。

随着养老服务研究与实践的纵深发展,服务精准化受到越来越多学者的关注。实现养老服务精准化是缓解养老服务供需矛盾,满足老年群体日益增长的多样化需求的必然选择。"精准化"源于科学管理理论中的"精细化管理",在养老服务领域是指以老人需求为导向,通过科学有效方法合理配置养老资源,实现养老服务供需精准对接。因此,本研究按照"老年人分级照护、服务内容分类管理、社会组织分业服务"的思路构建养老服务精准供需匹配对接。

二、"栖彩颐养"社区居家养老精细化服务系统构建

"栖彩颐养"社区居家养老服务系统通过精准识别老人需求,按照老人需求,动态、实时和精准化供给,提高社区居家养老服务的供给效率,提升辖区内老年人颐养满意度。围绕"三级"("乐享""乐活""乐助")"七色"(枫红、香橙、杏黄、枣绿、李青、梅蓝和桑紫),实现老年人分级照护、服务内容分类管理、社会组织分业服务的"三分"精细化管理。

(一) 老年人分级照护

通过实地查看、现场问卷调查、个人访谈、研讨会等多种方式,课题组对养老服务专家、社区居家养老服务供给机构负责人和护理人员,以及老年人和家属等进行了多样化调查。依据调查结果,按照养老服务责任主体及老年人身体健康程度[日常生活活动能力(ADL)评定],老年人可分为依赖政府购买服务的老人(政府扶助老人)、通过社会提供服务支持养老的老人(社会支持老人)以及具有一定服务他人能力的活力老人(服务社会老人)。

1. 老人分级

"栖彩颐养"将老年人细分为三级。一级(乐享:享受免费服务)为政府购买服务(政府扶助老人)老人,主要包括特困老年人,最低生活保障家庭以及最低生活保障边缘家庭中的老年人,经济困难的失智、失能、半失能老年人,计划

生育特殊家庭老年人,百岁老人,60周岁以上独居老人和在二级及以上医院确诊患有走失风险类疾病的老年人,80周岁以上老人。二级(乐活:健康可持续生活)为社会服务支持老人,是指通过社会提供服务支持养老的老人(社会支持老人),主要包括60—79岁重度失能老人、中度和轻度失能老人。三级(乐助:提供互助式)为服务社会活力老人,指具有一定服务他人能力的活力老人(服务社会老人)。

2. 老人分级赋色管理

与《南京市政府购买居家养老服务实施办法》和《栖霞区社区居家养老服务管理规定(试行)》相衔接,综合考虑身体自理程度、家庭经济条件和年龄等因素,将上述三级老年人再细分为枫红、香橙、杏黄、枣绿、李青、梅蓝和桑紫七种色彩人群,使不同级别色彩的老年人能够得到精准照护。

(二) 服务内容分类管理

1. 养老服务内容分类

根据不同保障方式,将养老服务内容分为四大类:一是政府购买服务,二是政府扶持项目,三是由老年人家庭自费购买的养老服务,四是互助养老项目。

2. 服务内容标准化清单制定

基于老年人需求多变性、实时性、突发性等特征和降低评估成本的需要,在对《南京市政府购买居家养老服务实施办法》和《栖霞区社区居家养老服务管理规定(试行)》等政策研究基础上,结合居家老人基本状态与需求,提出了试点范围内老年人社区居家养老初步服务内容清单,由定期寻访、上门助餐、助医等23项大类服务构成,形成养老服务云超市。根据标准化清单,出台社区居家养老服务标准,规范服务内容、质量、时长和基本价格。

(三) 社会组织分业服务

1. 养老服务组织的精心遴选

进一步细化、分化社区居家养老服务项目,提升社区居家养老服务内容的专业化水准,推动居家养老服务组织由"全能型"向"专业型"转变。对于政府购买服务(政府扶助老人)人群,根据需要遴选较为综合的社会组织开展服务。

对于非政府购买服务人群,按照分业原则,逐步引入专业化程度更高的服务组织,精细化开展服务。

2. 社区居家养老服务的精准供给

按照不同颜色老年人类型,分类给予社区居家养老服务选择清单的服务时长。在颐养服务内容方面,根据民政部门制定的颐养服务清单,让老年人自主选择所需服务,充分给予老年人自主选择权。老年人其他需求以及清单外的服务内容,鼓励老人和家属与市场对接。

(四)优化社区居家养老服务系统

"栖彩颐养"社区居家养老服务信息化系统,建立老年人基本需求提出—服务清单展示—服务网上下单和在线支付—供应商在线接单—服务人员派出和服务动态监管—服务跟踪评价—服务供应商资金监管和拨付等多维系统。

三、"栖彩颐养"社区居家养老服务试点实践

栖霞区迈皋桥街道有19个社区,2021年年底总人口16.6万人,户籍人口8.7万人,其中60岁以上户籍老人2万人,占比约23%,80周岁以上户籍老人3 500余人、百岁老人9人,老龄化程度十分严重。为进一步推进社区居家养老服务供需匹配,为老年人提供更精准、更精细、更专业的服务。2022年4月,迈皋桥街道开始"栖彩颐养"社区居家养老服务试点。

(一)开展老年人分级照护

按照《"栖彩颐养"社区居家养老服务老年人色彩照护服务矩阵》,迈皋桥街道分阶段、分区域进行深度和广度建设试点。

迈皋桥试点街道第一阶段服务对象11 874名,已导入"栖彩颐养"系统数据库。根据"栖彩颐养"老年人分级分类赋色规则,截至2022年7月,已赋色一级老人3 258名,赋色二级老人数427名,赋色三级桑紫8 189名。并对一级3 258名老年人全部开展了政府购买类精准化、精细化服务,二级正与现有的养老服务组织对接,进行指导性的有偿服务,三级已对接时间银行等志愿形式,开展互助式养老服务。

（二）实施服务内容分类管理

2022年7月底,"栖彩颐养"服务依据色彩已对15 798名政府购买服务对象和79 711名非政府购买服务对象开展了服务内容分类服务与管理,形成了生活照料服务（占比37.63%）、精神慰藉服务（占比19.24%）、上门助医服务（占比11.42%）、银发顾问服务（占比5.86%）、健康服务（占比5.16%）、文化服务（占比5%）、日间照料服务（占比2.91%）、家务料理服务（占比2.81%）、专业照护服务（占比2.71%）、时间银行（占比1.4%）以及其他护理清洁、智能体测、产品租售等服务的社区居家养老服务内容分类分布格局,工单总数超80万次,电话回访超17 000次。

（三）形成社会组织分业服务

根据社会组织服务优势,对152家居家养老服务中心和29家养老机构等进行整合管理,形成街道养老服务综合服务中心、社区养老服务中心、中心厨房、日间照料中心、综合护理中心、养老服务组织、社区银发助餐点等居家和社区养老机构组织分业管理服务的格局。2022年上半年月均服务次数超过10万次。对社会组织进行了适宜居住、便利餐饮、积极平台的建设,打造出"栖彩智养小区""栖彩食堂""栖彩银龄小家"等分业服务品牌。

新时代背景下栖霞妇女儿童合法权益保障的调查与思考

——以审判实践为样本分析

栖霞区法院课题组、南京师范大学法学院指导组[①]

尊重妇女、保护儿童是社会文明进步的重要标志。随着我国城市化进程加快,人们的生活方式和价值观念都发生了变化,妇女参政、就业、工作、婚姻家庭生活以及儿童抚养教育、学习生活也随之变化,妇女儿童权益的法律保障工作面临更多问题和挑战。党的十八大以来,习近平总书记就维护妇女儿童权益工作发表一系列重要论述,党的二十大报告再次强调保障妇女儿童合法权益,2022年10月新修订的《妇女权益保障法》正式发布,无一不彰显出党和国家对妇女儿童工作的高度重视。近年来,栖霞区法院以习近平新时代中国特色社会主义思想为指导,深入贯彻习近平法治思想,不断加大对妇女儿童权益司法保障力度,着力提升家事审判专业能力水平,牢牢守住妇女儿童权益保护的最后一道防线。

一、保障妇女儿童合法权益的重要意义

现代社会中,男女两性都是社会发展建设和社会利益分享的主体。妇女的发展和进步情况不仅是社会发展的重要指标,也是衡量社会进步程度的有力尺度。保障妇女权益、促进妇女发展、推动男女平等,对我国社会经济发展

---

① 课题负责人:周侃 专家指导:陈爱武
本文在2022年度栖霞区"校地党校工作联盟"课题调研评奖中获三等奖。

和中华民族的进步具有重大意义。妇女权益具体内容包括:政治权利、文化教育权益、劳动权益、人身权益、婚姻家庭权益,这6项基本权益也是女性自我保护的"护身符"。[①] 儿童作为国家未来和民族希望,是国家人才的重要后备力量。保护儿童权益、促进儿童发展,对于全面提高中华民族素质,建设人力资源强国具有重要的战略意义。不可忽视的是,儿童是一个稚嫩的群体。因此,我国法律给予了儿童诸多关怀,赋予了儿童许多权利,主要包括受抚养权、健康成长权、受义务教育权、受保护权。

栖霞区作为南京市东部重要板块,是连接"宁镇扬"的重要枢纽,人口流动大、交通发达,外来人口多。第七次人口普查统计显示,栖霞区常住人口达98.78万人,比"六普"时增加了34.35万人,妇女、儿童是新增人口的重要组成部分。近年来,栖霞区依托以《宪法》为依据,以《民法典》《刑法》《妇女权益保障法》《义务教育法》《未成年人保护法》等法律、行政法规和地方性法规形成的整套法律体系,注重保障妇女儿童司法权益,严厉打击侵犯妇女儿童权益犯罪行为,开展特殊困难群体救助帮扶和妇女儿童权益保障专项行动,大力弘扬社会主义核心价值观,注重构建和谐家风。但社会中妇女儿童合法权益遭受侵犯的现象时有发生,如强奸妇女、猥亵儿童、家庭暴力等违法犯罪行为;在离婚纠纷中财产分割、子女抚养、精神损害等方面,妇女儿童合法权益保护仍然存在不足。

基于上述现实情况,栖霞区法院高度重视妇女儿童权益保障工作,忠诚履行宪法法律职责,认真审理涉妇女儿童权益案件,延伸审判职能,切实把妇女儿童权益保护落到实处,有力推动了辖区妇女儿童工作高质量发展。本文以栖霞区法院近年来审判实践为分析样本,通过对栖霞区妇女儿童合法权益司法现状进行调查,全面分析侵犯妇女儿童权益案件的基本情况、主要表现、产生原因,并对加强妇女儿童权益保障提出针对性建议。

二、涉妇女儿童权益案件的基本情况

(一) 调查对象及方法

通过对栖霞区法院受理的涉妇女儿童权益案件进行调查发现,涉及妇女

---

① 参见谭英:《妇女儿童权益保障的现实问题与对策探讨》,《天津大学学报(社会科学版)》,2011年第1期。

儿童权益的刑事案件主要集中在4类主要犯罪,涉及妇女儿童权益的民事案件主要集中在婚姻家庭纠纷、继承纠纷、婚姻自主权纠纷、劳动争议等领域。

本次调查方法主要为案件卷宗查阅和分类统计分析。首先,鉴于基层法院管辖范围是一审普通刑事案件和一审民事案件,本文主要针对栖霞区法院近三年受理的侵犯公民人身权利刑事案件和近一年的民事离婚案件的卷宗进行查阅和数据记录。其次,将被调查的案件信息进行分类统计。刑事案件中主要包括侵犯妇女儿童人身权利犯罪中被害人的年龄、被告人与被害人关系、被告人的行为、被告人认罪认罚情况以及法院最终的定罪量刑情况;民事案件中主要包括离婚案件当事人请求离婚的理由、离婚案件的结案方式、离婚中的家庭暴力以及离婚后子女抚养等信息。

(二) 侵害妇女儿童权益的刑事案件基本情况

在法律实务中,涉及侵犯妇女儿童权益的刑事罪名主要集中在我国《刑法》第四章侵犯公民人身权利、民主权利罪一章中[①]。2017—2021年间,栖霞区法院受理此类案件主要集中在强奸罪(30件)、强制猥亵罪(15件)、猥亵儿童罪(13件)、重婚罪(2件)。(表1)

表1　2017—2021年栖霞区法院受理涉妇女儿童权益刑事案件一览表[②]

单位:件

罪名	2017年	2018年	2019年	2020年	2021年	合计
强奸罪	7	3	8	7	5	30
强制猥亵罪	5	4	4	2	4	19
猥亵儿童罪	2	0	4	1	6	13
重婚罪	0	1	0	0	1	2
合计	14	8	16	10	16	64

为突出重点,本文选取近年以强奸和强制猥亵为案由的刑事案件为样本,主要从被告人及被害人年龄、被告人与被害人关系、犯罪手段类型、被告人认

---

① 如强奸罪、负有照护职责人员性侵罪、强制猥亵侮辱罪、猥亵儿童罪、拐卖妇女儿童罪、收买被拐卖的妇女儿童罪、雇用童工从事危重劳动罪、虐待罪、虐待被监护看护人罪、遗弃罪、拐骗儿童罪、组织残疾人儿童乞讨罪、组织未成年人进行违反治安管理活动罪、暴力干涉婚姻自由罪、重婚罪等罪名。

② 2017年1件为强奸、抢劫罪数罪并罚,2019年、2020年各有1件为强奸、强制猥亵罪数罪并罚。

罪认罚情况以及法院定罪量刑等方面进行具体分析。

1. 强奸案由的刑事犯罪

近三年栖霞区法院受理的强奸案件中,涉未成年人强奸案占全部强奸案的63%,其中被告人通过网络交友软件诱骗未成年女童实施强奸的情况频发,需予以重点关注。在本次被调查的案件中,被告人与被害人关系为前任情侣关系的占56%,同事、亲友关系的占22%,陌生人关系的占22%,由此看出强奸犯罪多发生于熟人关系之间,尤其是前任情侣关系中。从被告人供述可以看出,部分被告人在实施强奸行为时对自身行为的危害性并没有清晰理性的认识,曾经的亲密关系加上固化错误的观念使得被告人忽视了犯罪行为的严重性和危害性。作为传统的性暴力犯罪,直接暴力行为仍旧是强奸罪被告人的主要犯罪手段,占比达44%;不容忽视的是公共场所用酒灌醉或者药物麻醉等方法强奸妇女的案件占强奸案件的比重逐渐增大(占比33%),有关部门对相关社会风险较大的娱乐公共场所治安管理需高度重视。被告人认罪认罚和对被害人进行积极赔偿的,量刑多在有期徒刑三年左右,未遂案件的量刑基本在两年;社会危害性较大且被告人拒不认罪的案件仅1起,法院最终判处强奸罪和强制猥亵罪数罪并罚,有期徒刑10年6个月。综上,栖霞区针对妇女的性暴力案件案情多为情侣之间的性暴力犯罪,严重的暴力行为较为少见。

2. 强制猥亵、猥亵儿童为案由的刑事案件

近五年,栖霞区法院审结强制猥亵案件19起(其中2起案件被告人为未成年人,1起案件被害人为男性)、强制猥亵儿童案件13起。与强奸罪表现类似,妇女和儿童仍旧是猥亵、侮辱行为的主要受害对象。另外,被害人受害情形主要有公共场合独自行走被尾随后遭受猥亵(5件),职场遭受同事、上司职权骚扰和猥亵(4件),独居女性家中被入侵遭受猥亵(5件)。单身独居职业女性的人身安全保障问题仍旧需要重点关注,一方面,要保障社会治安稳定,保障独居女性的生活安全;另一方面,还要完善相关劳动保障制度,坚决抵制职场强权对女性的压迫。比起成年妇女,儿童在面对被告人的生理与精神控制时往往更加难以反抗。通过对案情具体分析发现,妇女在面对被告人暴力威胁时,往往能够采用假意迎合、伺机逃脱等方式与被告人周旋,尽量保障自身权益;而儿童在面对侵害时,首先很难对侵害行为的危险性有所认识,在遭受侵害时也缺乏自我保护经验。因此,猥亵儿童罪被告人的实行行为主要是利

用、欺骗、引诱以及精神胁迫。常见的类型包括家庭、校内的猥亵等,需要有关部门给予关注。

强制猥亵罪、猥亵儿童罪中被告人与被害人多为陌生人关系,且此类犯罪中大多为被告人无预先准备临时起意犯罪。被告人多是通过尾随、拦截、捂嘴、强制搂抱等手段,压制被害人反抗,以达成犯罪目的。相比于预谋已久的犯罪行为,此类手段犯罪主观恶性更小,量刑方面也更轻。但不容忽视的是,部分被告人在实施犯罪行为时,就利用了此类行为难以举证的临时性特征,抱有侥幸心理,放纵自己在公共场合多次实施猥亵、侵犯他人人身权益,危害社会公共秩序。由于猥亵类犯罪的证据普遍为一对一言词证据,客观证据很少,且无一仅靠被害人陈述而定案。同时,由于被害人未及时报案、侦查前期取证不完整、被害人遭受长期侵害等原因,侵害与取证之间往往存在时间间隔。证据不足、难以互相佐证,给猥亵类犯罪的定罪带来了障碍。

经过上述分析,猥亵类犯罪量刑具有以下特点:一是对暴力手段猥亵量刑一般重于其他猥亵。调查样本中,强制猥亵罪的量刑普遍在有期徒刑一年左右,直接的暴力强制猥亵量刑一般在有期徒刑一年三个月左右,精神上的威胁控制猥亵量刑一般低于一年,在有期徒刑九个月左右。二是被告人坦白、认罪认罚、赔偿情况对量刑影响较大。鉴于上文所提到的此类犯罪取证难的问题,当事人的坦白认罪情况对于推进司法工作、节省司法成本而言至关重要。作为危害人身权利的犯罪,被告人对被害人的赔偿,被害人是否对被告人谅解,都是量刑的重要因素。本次调查所选取的案件中,被告人拒绝坦白拒绝认罪的案件只有一例,且由于被告人拒不认罪,该案的查证、质证环节十分烦琐。加上被告人拒绝对被害人积极赔偿,最终在法定刑内被判处有期徒刑三年六个月,高于同类型案件的量刑水平。

(三) 侵害妇女儿童权益的民事案件基本情况

在民事案件中,侵犯妇女、儿童权益的案件主要是婚姻家庭、继承纠纷,近年来此类案件数量逐年攀升、不容忽视。妇女、儿童往往在婚姻家庭纠纷中处于弱势地位,在离婚纠纷中就财产分割、子女抚养、精神损害等方面,妇女、儿童合法权益往往更大可能受到侵犯。

基层法院受理的民事案件中婚姻家庭类案件数量较多,其中离婚案件比重最大。与此同时,离婚案件同时涉及妇女、儿童权益问题,值得我们重点关注。以栖霞区法院2022年受理的离婚纠纷案件、离婚后财产纠纷案件以及抚养费纠纷案件为样本,对当前栖霞区妇女儿童合法权益情况分析如下。

1. 离婚案件的结案方式

在2022年受理的1 046起离婚案件中,诉前调解案件共505件(其中调解成功43件),进入诉讼程序的1 003起离婚案件内有约半数的当事人选择撤诉;剩余的近500件案件中,通过调解方式离婚的占六成,法院判决离婚的案件占四成。整体而言,法院对夫妻情感破裂的认定十分谨慎,对第一次请求离婚的当事人较少判决予以支持,尤其是在有子女、子女年龄偏小的情况下,基于儿童利益最大化的考量,一般不予判决离婚,但当事人第二次或者多次请求离婚的情况下,法院对离婚请求基本都予以支持。

2. 当事人请求离婚理由

从统计情况来看,离婚案件的离婚理由主要为情感不合,占到离婚理由的八成左右;剩下的理由如家庭暴力、长期分居等,部分当事人的离婚理由不止一个。值得注意的是,案件中的女性原告较多提及被告在婚姻家庭中的冷暴力问题,这也是栖霞区妇女儿童权益保障工作中未来需要重点关注的问题之一。

3. 离婚后子女直接抚养人确定以及抚养费纠纷

从调查情况来看,父母双方在取得子女直接抚养权的比例相当,甚至父亲成为直接抚养人的比例略高于母亲。在被调查的离婚案件中,涉及未成年子女抚养权确定的案件数量远高于子女抚养费支付纠纷数量。这一现象反映出在司法实践中,对子女抚养费支付问题的重视不足。此外,在被调查的涉及抚养费支付的离婚案件中,还存在抚养费数额偏低而多次追加抚养费的问题。根据《离婚案件子女抚养若干意见》第7条的规定,有固定收入的,抚育费一般可按其月总收入的20%—30%的比例给付。但现实中的抚养费数额与平均工资确定的抚养费数额相比还有一定的差距[①]。另外,抚养费支付在司法实践中还存在执行难的问题。

---

① 根据南京市统计局相关数据显示,2021年南京市城镇非私营单位从业人员年平均工资达到141 988元,城镇私营单位就业人员年平均工资75 838元。

三、侵犯妇女儿童合法权益的表现

通过对上述涉妇女儿童权益案件进行梳理，不难发现，妇女、儿童合法权益受到侵犯的情形大多涉及文化教育权益、人身权益、婚姻家庭权益等方面，在此仅择几点予以探讨。

（一）人身权益方面

基于人体基因和年龄差距，妇女与同年龄段的男子相比，存在精力不足、反抗能力较差的弱势，在遭遇社会犯罪侵犯时，妇女面对暴力，反抗较难。妇女权益被侵犯的情形主要是强奸、强制猥亵等犯罪。社会上侵害妇女儿童人身权益的事件屡禁不止，如拐卖妇女儿童、对妇女儿童性侵犯、卖淫嫖娼等违法犯罪活动以及针对女性的犯罪客观存在。

此外，家暴行为对儿童成长会产生很大的负面影响，因此，《未成年人保护法》在"家庭保护"一章中针对父母列举的诸多禁止性规定中，把对子女实施家庭暴力放在了首位。[1] 除此之外，调研中发现的一些情况表明家庭暴力行为还会给困境儿童带来一些更实际的负面影响，《未成年人保护法》第三条规定的儿童依法享有的四大基本权利——生存权、发展权、受保护权和参与权在被人身控制藏匿的儿童和目睹家暴的儿童身上都受到不同程度的损害。[2]

（二）婚姻家庭权益方面

妇女在婚姻家庭中，大部分仍然承担着"相夫教子"角色，囿于孩子和家庭负担，在夫妻婚姻破裂案件中受到的伤害更为大些，譬如因男方家暴、出轨、重婚、赌博等行为导致离婚。离婚过程中，住房、财产分割和子女监护抚养等也往往是衡量妇女儿童权益的重要内容。儿童权益受到的侵犯情形除了拐骗儿童、雇用童工等情形外，主要多见于家事案件中，因夫妻离婚衍生出儿童抚养

---

[1] 最高人民法院中国应用法学研究所在2008年3月发布的《涉及家庭暴力婚姻案件审理指南》第十三条中详细描述了家庭暴力使未成年人在心理健康、学习和行为三个方面产生的障碍。例如，儿童注意力难以集中，学习成绩下滑，因而出现逃学、辍学现象；挨打使儿童自尊心受到打击，不信任他人，他们从施暴者那里学习到用拳头解决问题，长大后可能出现反社会的暴力倾向；目睹父母家人之间的家庭暴力使他们陷入极不安全的心理状态，等等。

[2] 张荣丽：《家暴致离婚案件子女抚养权归属审判研究——从儿童保护法律视角对调研结果及典型案例的分析》，《妇女研究论丛》，2017年第1期。

权归属以及后续探视权、监护权等一系列问题。

四、保障妇女儿童合法权益的对策建议

妇女儿童合法权益得不到保障，将大大阻碍和抑制妇女儿童平等、开放、健康发展和进步，因此，保障妇女儿童合法权益非常必要。今后，栖霞区法院将在继续加强涉妇女儿童群体权益案件审判工作的基础上，进一步健全完善社会各方力量协调联动工作机制，不断增强妇女儿童自我防范意识，以更强担当、更大力度、更实举措依法维护妇女儿童群体合法权益，为全面推进中国式现代化栖霞新实践提供有力司法服务和保障。

（一）加大审判力度，依法保护合法权益

坚持把非诉讼纠纷解决机制挺在前面，栖霞区法院注重对涉妇女儿童权益案件诉前化解，持续深入开展特殊困难群体救助帮扶和妇女儿童权益保障问题专项整治行动，对2007—2016年的民、刑案件进行一案一查，对2017年以来上网裁判文书和庭审录像进行逐案排查，发现违法犯罪线索的，及时移送公安机关。贯彻落实新修订的《妇女权益保障法》，注重妇女儿童在婚姻家庭案件中的权益保护，善用巧用用好家事"三员"制度，办案过程兼顾法、理、情，努力实现案结、事了、家和，实现政治效果、法律效果和社会效果的有机统一。

（二）延伸审判职能，广泛进行法治宣传

保护妇女儿童合法权益，必须营造相关的思想基础和社会环境。妇女儿童合法权益的实现是一个漫长而艰辛的过程。及时编发维护妇女儿童权益典型案例，通过法院官微、网站等新媒体向社会发布；与区教育局联合开展"百名法官进百校"活动，通过法治第一课、法庭观摩等多种形式，促进全面依法治校和减少青少年违法犯罪；以巡回审判方式走进社区、村镇、学校等，开展法律宣讲、案件审判、咨询解惑，为妇女儿童权益保护建言献策；善于从案件背后挖掘妇女儿童等群体权益存在的问题、漏洞和薄弱环节，及时向相关部门发送司法建议。

(三) 协调综合治理,凝聚社会各方力量

一方面,建立健全保护妇女儿童权益工作机制,协调公检法等机关、妇联等团体、学校等各方力量,切实在妇女儿童生活、学习、工作中提供有力帮助,大力弘扬社会主义核心价值观,倡导传承发扬尊重女性、尊老爱幼美德,着力为妇女儿童营造安全、健康的生活环境。另一方面,争取各级党委、政府和有关部门监督,虚心接受媒体舆论监督,设立"维权站""咨询点""投诉台""热线倾听"等服务栏目,为合法权益受到侵害的妇女儿童提供服务,使侵权事件得到严肃查处。

(四) 提升自我意识,增强主观能动性

加大对妇女儿童自我保护意识的提升力度,只有妇女儿童有了自我维权意识、提高自身素质,才能真正摆脱束缚。教育引导他们增强防范能力,敢于对侵犯妇女儿童权益的不当行为甚至违法犯罪行为说"不",及时拿起法律武器维护自身合法权益,让侵害妇女儿童权益的不法行为无处藏身。

关于加强对栖霞区住宅小区物业行业监管的建议

栖霞区政协办、栖霞区住建局课题组，
南京工业职业技术大学经济管理学院指导组[①]

习近平总书记指出："共产党就是为人民谋幸福的，人民群众什么方面感觉不幸福、不快乐、不满意，我们就在哪方面下功夫，千方百计为群众排忧解难。"保障和改善民生，一直是我们党工作的出发点和落脚点。近年来，随着城市化进程不断加快，城市居民的居住形态发生了显著变化，物业服务问题关系着普通群众的日常生活，牵动着广大居民的民心民情，可以说，已经不是一个单纯的市场问题、行业问题，而是事关群众现实福祉的民生问题，事关基层治理体系和治理能力现代化的关键问题。如何更好地发挥物业在社区治理中的作用，增强居民的幸福感和获得感，是各地都在探索的一个现实命题。为此，区政协组成专题调研组，深入区相关职能部门、部分物业企业及服务现场实地调研，了解不同的物业组织模式，深剖物业服务在社区治理中的运行逻辑，积极为栖霞区住宅小区物业行业监管问计把脉、出谋划策，形成情况报告如下：

一、栖霞区住宅小区物业管理的基本情况

栖霞区现有住宅小区408个（含零散片区），建筑面积4 427万平方米，其

[①] 课题负责人：张华玲　专家指导：殷红卫
本文在2022年度栖霞区"校地党校工作联盟"课题调研评奖中获三等奖。

中,老旧小区 137 个(零散及单一院落 50 个),建筑面积 350 万平方米,约占 8%;保障房 94 个,建筑面积 1 450 万平方米,约占 33%;小产权房 31 个,建筑面积 196 万平方米,约占 4%;商品房小区 146 个,建筑面积 2 431 万平方米,约占 55%。(图1、图2)

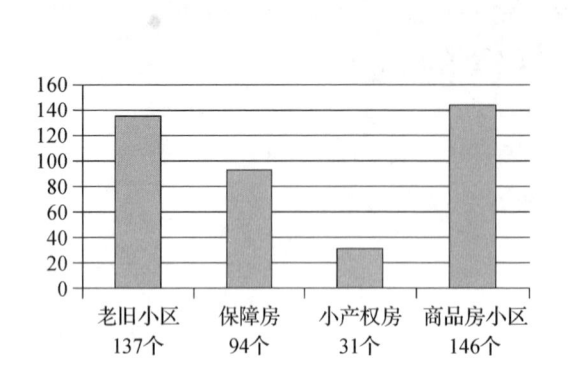

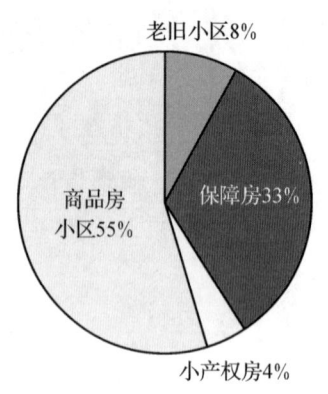

图 1 栖霞区现有各类住宅小区数量　　图 2 栖霞区现有各类住宅小区面积占比

（一）组织领导更加有力

区委区政府高度重视,早在 2006 年就领先全市启动住宅区管理工作,印发《2013—2015 年栖霞区旧住宅区综合整治工作实施方案》,在全区 9 个街道成立公益性物业企业,承担全区老旧小区、小产权房、保障房兜底管理,占全区小区总数的 60%。坚持党建引领,打造"红色物业"品牌,将物业管理融入社会治理大格局,栖霞区住建局荣获市住宅小区综合治理工作优秀单位。随着城镇化建设不断推进,全区物业公司数量、从业人员、服务覆盖面快速健康发展,目前共有物业服务企业 78 家,从业人员 1 万余人,物业管理覆盖全区 4 428 万平方米居住区,覆盖率 100%。

（二）服务管理水平日渐提升

自 2015 年开始栖霞区每年投入约 1 300 万元资金采取"以奖代补"方式实施星级奖励和效能补贴,对评为省、市示范项目分别给予 6 万元、4 万元资金奖励。2015—2021 年累计投入约 8 400 万元财政资金对 245 个老旧小区、保障房实施星级奖励和效能补贴,对 122 个商品房小区实施星级奖励。通过持续推进老旧小区改造工作,惠及居民 18 725 户,累计拆除违建 2 万平方米,群众的幸福感、获得感、安全感明显增强。树立和培育品牌企业,通过争创省市物业管理示范项目,以示范带动全区物业服务水平提升,近几年累计争创省级物业管理示范项目9个,市级物业管理示范项目43个。

(三) 监管机制日趋规范

区、街定期组织物业管理专项检查,落实省、市条例有关规定,规范公示公开相关信息,督促物业企业按照物业服务合同规范服务、优质服务,对检查中存在的问题及时指出,限期整改。2020年开始,住建局通过购买服务的方式,委托区物业商会专家组成员全年全覆盖检查督查住宅小区,每月通报检查情况,并呈报区政府通报各街道和物业企业,进一步督促规范物业服务。对物业管理中存在的问题,限期未整改的,在南京市房产局信用信息系统平台,征集不良信息,违反法律法规的,依法依规实施行政处罚。截至目前,已征集物业服务企业不良信息8次,行政处罚4个。2021年9月份住建局出台《关于印发住宅小区物业服务项目"红黑榜"评定的通知(试行)》,定期发布推送物业服务项目"红黑榜",将"红黑榜"评价结果与物业企业信用信息挂钩,并作为物业服务项目奖优罚劣的依据。截至目前,累计红榜38家物业服务企业,黑榜16家物业服务企业。

二、栖霞区住宅小区物业管理存在的问题

物业服务与城市居民生活息息相关,其受关注度不亚于就业、教育、医疗等重要民生领域。尽管栖霞区在住宅小区物业管理服务方面做了大量工作,但也遇到了一些困难和问题。

(一) 物业诉求面广量大

南京市12345政务热线年报显示,近年来物业管理一直是市民诉求集中领域。近4年栖霞区办结物业管理类12345工单总数60 000多件,数量在各类工单中居首位。(表1)热点诉求为停车管理、设施设备维护、新老物业交接、维修资金使用、业委会换届改选、疫情防控、既有住宅增设电梯推动难。主要表现为:一是业主与开发商之间的矛盾。因开发商在小区项目规划设计不合理、工程质量低劣、配套设施不完善等遗留问题,业主入住发现上述问题后对

开发商产生不满情绪。二是业主与物业公司之间的矛盾。物业服务不到位，服务意识不强，物业管理在一定程度上造成了物业管理纠纷不断。有的物业管理企业不按合同约定提供质价相符的服务，多收费少服务以及收费不透明，甚至乱收费等问题不同程度地存在，从而引发业主不满，不肯交物业服务费。三是业主与业主之间的矛盾。部分小区业主为了自身利益利用公共用地乱搭乱建，侵占大部分业主利益，影响别的业主正常生活，业主网上投诉举报较多。既有住宅增设电梯方面表现在：按照民法典要求，要本楼栋单元的业主三分之二参与并且四分之三同意，实际情况是，因为涉及采光、噪音等问题，很多情况是一楼住户反对，并且阻碍施工，导致无法推进。四是业主委员会与业主之间的矛盾。由于部分业主委员会成员有热情，但是处理问题较主观，程序不到位，没充分征求大部分业主意愿就决定处理方式，业主对业委会有意见和误解。

表1 近四年物业管理类12345工单办理情况汇总表

序号	时间	物业管理服务工单总数	首办满意率/%	年度综合平均满意率/%
1	2019年	12603	84.5	95.80
2	2020年	20267	83.39	95.36
3	2021年	17633	85.15	96.06
4	2022年至今	9629	84.40	—

（二）物业管理水平有待提升

物业企业的税费问题、收费标准问题多年来没有得到彻底有效解决，物业企业从业人员准入门槛低、整体素质不高。部分物业企业服务态度不端正，对业主诉求不积极协调、推诿扯皮，还有部分企业为扩大经营，不断对外承接项目，求大求快，追求数据报表和经营利润，服务业主理念缺失，服务能力水平不够，专业能力素质跟不上企业发展，跟不上群众的居住需求。

（三）物业公司运营压力较大

全区9个街道都成立了公益性物业企业，承担全区老旧小区、保障房小区兜底管理，补牢了物业管理服务体系的薄弱点。目前，全区有262个老旧小区、保障房小区以及小产权房小区,老旧小区、保障房小区物业费大多是每月每平方米 0.4 元,部分"三供一业"移交小区,比如南炼小区暂时未收取物业费。这样的物业收费,难以支撑物业企业的正常运行。以迈皋桥街道物业公司为例,2021 年共收缴物业费 2 686.3 万元,停车费 3 279.2 万元,合计 5 965.5 万元;全年支付人员工资 5 561.7 万元,硬件设施维修费用 791.3 万元,合计 6 553 万元,市区奖补资金 410 余万元,基本实现收支平衡,但这并不包括先期小区改造的一大笔投入,这完全是由街道财政托底,长此以往,街道财政负担比较沉重。除了迈皋桥街道外,其他街道物业公司大多难以收支平衡,如西岗街道每年缺口都在 1 200 万元以上。

(四) 行业监管力量有待强化

目前,全区物业管理工作归口区住建局管理,然而区住建局物业管理科只有 3 名工作人员,他们同时还承担着老旧小区改造、既有住宅增设电梯、住宅小区疫情防控、文明城市创建等工作,相对于全区 408 个监管项目和 4 400 多万平方米的监管面积,监管任务比较繁重,实施行之有效的行业监管和矛盾纠纷的及时调处面临压力。街道虽有物业办这个内设科室,但工作人员实际没有编制。此外,小区管理还涉及城管、民政、司法行政、公安等多个部门,部门之间职能交叉多,客观上造成了物业监管工作的欠账、短板和盲区。小区治理方面普遍存在"以物业管理代替小区治理,以行业管理代替综合管理,以业主自治代替社区共治"的错位认知,存在着专业性不足、融合度不够、深入性不强的问题。

三、进一步加强对全区住宅小区物业行业监管的建议

物业管理在城市管理中的地位和作用日益突出,好的物业管理在改善人居环境,提升生活质量,提高城市品位等方面发挥着越来越重要的作用。针对进一步加强栖霞区住宅小区物业行业监管,建议从以下几个方面入手:

(一) 坚持党建引领,凝聚多方共识

物业管理是一项复杂的社会系统工程,要把党的领导贯穿社会治理创新

全过程,强化机制引领,建立健全物业服务管理机制,把党的领导转化为推动基层社会治理创新的强大优势。

1. 打造坚强有力的"红色引擎"

坚持党建引领,不断强化党组织核心作用,深化优化"党建＋物业"服务模式,以"全覆盖、高质量"为目标,积极推进江苏省美丽宜居城市建设试点项目"栖霞区红色物业全覆盖"。按照应建尽建原则,推动街道党工委成立物业联合支部,没有党员的物业小区,街道社区派驻党建指导员。推进物业行业党建"三同步"工作(即物业服务企业备案时同步建立党组织、物业服务企业员工入职时同步注册成为志愿者、行业信用评价时同步考核)。推进省市区三级党建示范点创建工作,把党建的政治优势、组织优势转化为治理优势,激发红色活力,更好地服务群众居住生活。

2. 锻造基层治理的"红色硬核"

发挥党员先锋模范作用,设置"红色楼管"岗位,不断增强党员的责任意识、树立党员的模范形象,以此带动物业人满怀激情投入管理服务中,通过"红色先锋"赋能基层社会治理取得实效。将推进"红色物业"与社区工作者职业体系建设工作有机结合,把物业服务管理能力作为社区工作者选拔任用的一项重要衡量指标,把物业服务管理岗位纳入培养社区工作者的重要渠道。拓宽社区"两委"成员的选拔渠道,建立健全社区"两委"、物业服务企业交叉任职机制,进一步完善社区工作者引进、培养、使用、评价、激励等配套措施,为基层治理创造条件。

3. 凝聚多方参与的"红色合力"

以党建先行凝聚治理共识,通过党建引领这一纽带,串联起社区治理多方主体,组建包含住建、城管、公安、民政、属地街道等职能部门及社区、物业服务企业、社工机构、志愿者组织等力量在内的"大物业"。建立联席会议制度,吸纳各职能部门人员、共建共驻单位、社会组织、群团组织及小区业主委员会、物业服务企业负责人为联席会议成员,统筹协调基层党建工作,发挥街道党组织的领导核心作用,制定议事规则和工作流程,明确细化各方具体职能和权责清单,促使治理资源下沉一线,壮大物业服务企业的"红色力量"。通过各司其职、有序参与的工作联动机制,发挥党组织在小区管理、社区治理的引领作用,形成多元治理体系,实现共建共治共享。

(二) 融入基层治理,提增服务品质

物业作为社区服务管理的重要组成部分,融入基层社会治理已成为社会共识。在推进物业参与基层社会治理过程中,要始终秉承服务为先理念,让物业服务管理更有温度。

1. 拓展多元管理服务领域

随着生活水平不断提高和生活方式的转变,家务劳动市场化、家庭生活品质化已成为一种趋势。例如出现了儿童校外托管、居家养老照看、健康服务咨询、社区餐饮美食、商务租售管理等个性化服务需求。物业行业要做出快速转变,以便捷、周到、丰富的服务,来满足业主日渐增长的多元需求。指导物业服务企业根据自身条件向"一老一小"等领域服务延伸,探索"物业服务+"模式,加快发展线上线下生活服务,推广尧化街道"时间银行"做法,联合市社区新消费促进会,在物业服务企业试点拓展快递、生活用品、家政、照料中心等业务,实现物业服务企业转型升级。

2. 提升智慧管理服务水平

通过政府购买服务等方式,引导物业服务企业参与智慧社区建设。推广运用市房产局房帮宁和掌上云社区平台,一方面,持续完善平台建设,推广线上业主大会等功能运用,解决群众参与自治效率不高、过程不透明问题;用好平台动态监管物业服务活动的功能,将物业备案、专项检查、业务指导、维修资金审核等线下工作统一到线上,做好工作闭环。另一方面,应用技术手段,探索运用智慧物业实现保安保洁及垃圾分类等业务的数字化现场管理,通过扫码及 AI 智能识别等方式进行实时监测,对急难愁盼的问题进行应急处理,运用大数据为小区内特殊人群关爱提供有效服务。

3. 推动城市管理服务下沉

推动城市管理服务向居住小区延伸,建立群众反映问题的受理处置机制。明确城管、公安、消防、市场监管等部门和单位职责清单,压实工作责任,及时查处物业服务区域内违章搭建、毁绿占绿、任意弃置垃圾、违反规定饲养动物、电动自行车违规停放充电、占用堵塞公共和消防通道等违法违规行为。依法明确供水、排水、供电、供气、供热、通信、有线电视等专业运营单位服务到最终用户,落实专业运营单位对物业服务区域内相关设施设备的维修、养护和更新责任。

（三）注重多措并举，打造物业品牌

扶持引导物业企业做优做强，不断跃能升级，是促进物业管理行业高质量发展的重要保障。

1. 鼓励企业做大做强

发挥物业商会积极作用，通过争创省市物业管理示范项目、物业行业党建示范点等方式，培育一批具有示范效应的品牌物业企业。开展物业管理街区化试点，从围墙内走向围墙外，整合街区内市政资源，推动街道物业公司提档升级，种好"自留地"的同时，积极参与市场化竞争，通过走向市场、对外承接项目实现收支平衡并逐步盈利，以此反哺托底管理的老旧小区。持续开展星级评比效能补贴工作，通过评比活动，促使街道物业企业树立竞争意识，以提升物业服务改善居住环境为目的，获取市区奖补资金。通过企业兼并、资本重组、强强联合等不同形式，打造一批专注民生、服务民生的"航母级"物业企业和企业群，整体提升物业产业链的供给能力，为广大居民提供更优质的物业服务。

2. 加大金融支持力度

从党中央决策部署来看，以改善民生为导向培育新的消费热点和投资增长点是未来大势所趋。物业领域作为未来不可或缺的民生市场，不是一个存量市场，而是一个增量市场。由于目前物业行业多数是中小微企业，要在金融支持方面进行更多探索，通过风险代偿、增量补贴等财政金融政策，引导合作银行为行业企业发放信用贷款等弱抵押、弱担保贷款，搭建中小微企业一站式金融服务平台，解决企业后顾之忧。

3. 加强专业人才引育

只有抓住优势人才，物业企业才能实现长远发展。可借力高校、大型物业服务企业等机构，加大力度引进人才，特别是职业经理人，同时通过加强继续教育、提高薪资待遇等方式，在育才、留才上下足功夫。联合区物业商会，制定三年人才建设方案，加大各专业条口人才队伍建设，通过培训提升业务能力，鼓励品牌物业公司建立人才储备库，梯队培育交叉培养复合型人才。参与劳动竞赛锻炼一批人才队伍，每年积极参与市房产局组织的"五心服务"劳动竞赛，选派优秀团队，通过参与，培育锻炼一批电工、消防等专业人才，切实增强专业人才队伍力量。

(四) 加强规范管理,营造良好环境

物业作为联系服务群众、提升群众满意度的重要抓手,在开展服务管理的过程中,离不开优良的发展环境。

1. 落实街道属地管理责任

街道要建立健全居住小区综合治理工作制度,明确工作目标,及时研究解决住宅物业管理重点和难点问题。指导监督辖区内物业管理活动,积极推动业主设立业主大会、选举业主委员会,办理业主委员会备案,探索在社区居委会内设环境和物业管理委员会试点工作,指导监督业主委员会和物业服务企业履行职责。实施街道党工委对辖区物业服务项目综合评价机制,对评价低、口碑差的物业服务企业,协助业委会依法依规解聘物业服务企业,通过法定程序选聘新的物业企业。对严重违法违规、情节恶劣的物业服务企业和直接责任人员,依法清出市场。

2. 规范业主委员会运作

街道社区加强对业主委员会的人选推荐和审核把关。鼓励"两代表一委员"参选业主委员会成员,提高业主委员会成员中党员比例。探索建立业主委员会成员履职负面清单,出现负面清单情形的,暂停该成员履行职责,提请业主大会终止成员资格并公告全体业主。区住建局、各街道要加强业主委员会成员法律法规和业务培训,提高业主委员会成员依法依规履职能力。探索建立业主委员会离任审计。业主委员会作出违反法律法规和议事规则、管理规约的决定,街道应当责令限期整改,拒不整改的依法依规撤销其决定,并公告业主。业主委员会不依法履行职责,严重损害业主权益的,街道指导业主大会召开临时会议,重新选举业主委员会。加大对业主委员会成员违法违规行为查处力度,涉嫌犯罪的移交司法机关处理。

3. 加强社会宣传引导

结合文明城市创建、住宅小区消防安全治理"百日攻坚行动"、房帮宁平台推广应用等工作,通过线上线下宣传方式,多手段多载体,发放政策汇编手册、广场宣讲、小区内电子屏、横幅、一封信等,广泛宣传物业管理方面的法律法规、文明规范等,提高居民的法律意识、文明意识,提高居民对小区治理的参与度,创造良好的物业管理社会环境。

守正创新　特色发展
打造市域社会治理现代化"栖霞样本"

栖霞区政法委课题组、南京大学社会学院指导组[①]

2022年以来，按照省委"坚决扛起新征程新的光荣使命，奋力开创江苏现代化建设新局面"专题读书调研活动通知要求，深化学习理解习近平新时代中国特色社会主义思想和党的十九大及十九届历次全会精神，深刻领会"两个确立"的决定性意义，认真研读《习近平论治国理政》和《习近平新时代中国特色社会主义思想学习纲要》等一系列著作，对照市域社会治理现代化标准要求，围绕基层社会治理，挂钩联系相关街道和村居，通过实地察看、座谈了解、实际成效等方面展开调研，形成调研工作报告。

一、主要做法

（一）依托网格单元，放大党建引领效应

一是立足网格实现党建"全覆盖"。2010年，栖霞区仙林街道在全省创新试点网格化社会治理工作，将党组织向网格一线延伸，党建在矛盾一线加强，党员往民生一线集聚，取得了良好的社会治理效果。2018年，结合仙林街道网格化成功经验，在全区范围内推进全要素网格，全区9个街道划分933个网格（综合网格800个，专属网格133个），健全"1+3+N"党组织架构，成立网格党

[①] 课题负责人：潘进　专家指导：陈家建
本文在2022年度栖霞区"校地党校工作联盟"课题调研评奖中获三等奖。

小组576个,入网格党员32 606人,把党的组织延伸到每个小区、每个网格,常态化开展安全稳定、矛盾纠纷调解、便民服务等群众关注度较高的工作,2021年网格服务满意率97.9%,位居全市第一方阵。二是整合资源画好治理"同心圆"。栖霞区强化党委统筹协调功能,升级党建引领下的网格化管理服务,将辖区内驻街单位、社会组织等纳入网格进行管理,建成"同心圆"队伍,切实做到"条"里共建,"块"中共治,"园"内共享。仙林大学城集聚南大、南师大等大专院校18所、在校师生20万人,还有数十家各类科技园区,结合这一优质资源,组成党建"红色联盟"服务队,召开联席会议,共商共议区域内党建和社会治理工作;成立全市首家平安志愿者协会,招募注册志愿者4万人,常备队伍达1.2万人并纳入网格管理,仙林街道的东方天郡二期小区居民不到5 000人,社会治理志愿者达到1 100多人,成为排查隐患、化解矛盾、提供服务的重要力量。此外,建立"警网融合"服务队,首创"警格+网格"警网融合管理服务方式。全面推进派出所所长和社区民警进街道、进社区、进网格任职,84个警务责任区通过实体网格及1 300余个"掌上云社区"微信群,实现警务与社区治理双向融合。三是植根平安提升治理"高效能"。栖霞区针对信访稳定工作,在区级层面建立了"常委包片、政府领导包条线高位推动"的工作机制;在部门、街道社区建立了三级责任网格;全区连续12年坚持开展"春风化雨"握手行动包片化解积案工作,受到省信访局领导的高度肯定。针对矛盾纠纷调解的老大难难题,打造了于文艳、蔡云等一批特色鲜明的个人调解工作室。2021年,全区各级调解组织共调解纠纷6 395件,调解成功6 392件,调解成功率达99.9%。

(二) 聚焦"三微"载体,提升乡村治理能力

一是用活"微阵地",让群众"乐于参与"。八卦洲街道依托64个"网格工作站",立足"有去处、有兴趣、有事做",调动群众参与基层治理的积极性、主动性,善用网格"微阵地"解决群众参与乡村治理缺少平台的问题。建立村干部驻点、党员中心户普遍直接联系群众制度,用网格"微阵地"解决群众参与乡村治理热情度不高的问题。同时把主题文化活动与群众性节日民俗文化活动相结合,让村民愿参与、能参与、乐参与,在活动中提高认识,激发和凝聚推动乡村振兴的强大力量。用网格"微阵地"解决群众参与乡村治理渠道不畅通的问题。从"民事民议、民事民办、民事民管"的乡村治理机制入手,利用网格"微阵地"每月定期组织开展"党群协商议事会","面对面"协商解决村民文化、健身

等各类民生问题,切实解决好民生实事,群众满意度和安全感显著提升。二是用好"微协商",让治理"活力高效"。八卦洲街道在党员和群众中发掘、培养近百名基层自治骨干,组建"平安志愿服务队"和"小阿姨志愿者服务队",充分发挥自身专长,开展各类志愿服务,并在乡村治理重难点问题中担起重任,提升群众参与乡村治理的组织能力和内在活力。实施示范项目,让乡村治理有"参照物"。创新实施"友邻网格益+"基层治理项目,以农村人居环境整治为切入点,建立"干不干"村民提、"怎么干"村民议、"好不好"村民评的基层治理模式。大力选树典型,让乡村治理有"永动力"。成立乡村治理领导小组,常态化开展五星文明平安家庭、美丽庭院、优秀志愿者等评比评选活动,推动乡村治理效能提升。三是打造"微产业",让环境"美丽经济"。八卦洲街道将发展农民"微产业"作为不断提升乡村治理能力和水平的重要抓手,构建庭院管护长效机制,拓宽农民增收新路径,逐步实现社会效益、经济效益、生态效益协同与共。组建农家乐联盟,促进农民增收;定期召开联盟会议,通过团队互助模式,促进农家乐户加强自我管理、自我监督,自我提升。

(三)严格标准体系,创新网格特色品牌

一是坚持科学设计。以网格化社会治理为路径,尧化街道勇于探索与辖区单位党组织的组织共建、活动共联、资源共享。设立"全能网格员",运用社会力量参与公共事务治理,既减轻政府部门的治理压力,也使得基层社会自身的内源性治理资源和治理力量得以激活。推行项目化建设、清单化管理、绩效化考核,通过老党员工作室、时间银行、熟人社区等阵地建设,推动治理"重心下移、条块联动、权责一致",努力构建多元主体民主协商机制,促进各类治理主体参与社区公共事务治理的积极性和主动性。二是强化集成融合。实施全科政务改革。2013年开始,尧化街道推出"一口清导办、一门式受理、一条龙服务"的全科政务模式。依托标准体系内容,对"不见面"审批服务事项办理流程再梳理,在办事环节上再简化、办事时间上再缩减。打造数字化信息管理平台,破解部门协同治理困境。街道目前已经建成1个全街情数据中心,搭建"慧分析""慧治理""慧指挥"3个智慧平台,配套养老、时间银行等"N"个应用系统,实现了服务智能化、业务协同化、管理可视化、资源集中化、信息感知化"五化融合",有效提升了数据支撑政府公共事务治理作用。三是构建治理共同体。发展社区志愿队伍,创新基层社会服务模式。2014年8月,尧化街道以

姚坊门慈善基金会为主体策划了"姚坊门时间银行社区互助项目",引导社区里的志愿者通过累积志愿服务时间兑换相应服务,成功打造出"姚坊门时间银行"知名品牌。今年,尧化街道成功入选"全国社会治理创新案例"。

(四)破解"停车难",提升小区服务能力

宁康苑小区是马群南湾营片区首个经适房小区。原有停车位不足,而且无地下停车库,远远满足不了居民的停车需求,并引发诸多矛盾。2020年,宁康苑社区以老旧小区出新改造为契机,在不改变原有绿化前提下,通过拓宽小区道路、合理设置停车泊位、改善内部道路微循环等措施,新增214个地面停车位。一是秉持公心原则。面对车位紧张的形势,一些居民为了让社区私留车位,有的到社区办公室施加压力,还有的托关系、找门路。社区顶住了压力,采取小区面上宣传、线上线下通知、征求意见等办法,把分配原则、分配办法和分配细则"广而告之"。二是坚持公正分配。面对停车位这块"蛋糕"社区坚持公开摇号。做细前期准备。一方面,将摇号方案、细则及新增的214个车位按序号在平面图上详细标注,社区公开栏一一展示,并在公证处官网进行公示;另一方面,通过居民"三证合一"审核资料,只有小区业主,其名下或家庭成员名下有车辆无车位的,才能获得摇号资格。通过审核,将原先登记的500多个车位筛为267个。做实现场摇号。由社区分管主任具体负责,通过"掌上云"社区微信群公开招募的两名业主代表全程参与。公证员主持,公证处官网、官方微博微信同步直播,邀请社会和居民监督,结果在公证处官网及社区范围内公示。做优停车位分配。公示期满后,通过复核签到、缴纳费用、选择车位、签订协议、喷涂车牌等五个步骤,完成"一站式"分配。三是加强后续开发。对小区门口两侧马路边设计部分临时停车位,以缓解部分没有车位的业主停车问题;设置"共享停车位",最大限度利用现有车位;积极和上级部门对接,想方设法开发新的停车位。

二、几点启示

(一)实施"全要素"网格管理

优化网格分布,根据街道特点,突出个体"差异",坚持错位发展。整合网格资源，扎实推动"精网微格"建设。在划分位置相近、数量相宜城乡地域网格的基础上，综合行业领域、网格类型、地域特点等因素，设置教育、医疗、菜场、园区、银行、酒店、宾馆等 7 类专属网格 135 个，综合网格 799 个，推动网格全域布局，全面覆盖。

（二）推动"全方位"融合共治

整合各类社会资源，构建条块结合、共驻共建的区域化"大党建"格局。在网格配备党组织打造红网格，调动社会多方力量参与基层社会治理。按照"横向到边、纵向到底"原则，实行网格团队服务。坚持政法网格员下沉社区一线，立足职能，在疫情防控、舆情引导、政法服务、法律宣传上实现共治共建共赢。

（三）淬火"全科式"网格员队伍

按照"多网合一、一格一员、一员多能"原则，组建全科网格员队伍。实施网格员和社工一体化管理。通过录用、培训、考核、奖惩等手段，调动网格员积极性和创造性。实行网格赋能、科技智能，推动国家安全、政法维稳、安全生产等重点任务全部嵌入网格。健全网格员例会制，加强网格形势分析，及时消除网格隐患，确保网格安全。常态化举办见义勇为表彰奖励活动，深入开展"星级网格""最美网格员"评比，有效激发基层干事创业热情。

（四）形成"全链条"闭合管理

建立快速响应、快速处置、快速反馈的网格运行机制，走访巡查、采集信息、化解矛盾、消除隐患，提升基层治理效能。坚持守土有责、守土尽责。制定网格准入事项。采用线下和线上相结合的形式，做到"群众吹哨、部门报到"。以网格党组织为核心，整合网格部门单位、社会组织、企业等力量，培育和发展各类社区社会组织，发挥乡贤治理优势，治痛点、疏堵点、攻难点，构建联动联调联治的工作格局。

强化栖霞区法治服务小微企业的实践与思考

栖霞区司法局课题组、南京财经大学法学院指导组[①]

2021年12月召开的中央经济工作会议强调要"强化对中小微企业、个体工商户、制造业风险化解等的支持力度",2022年,南京市委、市政府先后印发了《南京市2022年优化营商环境实施方案》(以下简称《实施方案》)、《关于促进中小微企业稳定发展的若干措施》,提出从加强财政信贷支持、缓解用工难题、降低社保房租成本、优化法治环境等方面支持小微企业发展。2022年以来,栖霞区对照《实施方案》,在融合法治服务资源、优化法治营商环境,不断助推小微企业创新驱动、激发活力、高质量发展等方面持续发力,以良好的法治环境为小微企业发展保驾护航。经过对江苏百绿园林、南京源恒、江苏达科等区内中小微企业走访调研发现,受制于自身经营发展特点,小微企业仍普遍面临用工、融资、创新、观念等方面的法律困境,亟须进一步强化法治服务,为小微企业纾困解难。

一、栖霞区强化法治服务小微企业的主要举措

(一) 精心打造惠企品牌

聚焦助企纾困,以服务紫东创意产业园区企业为示范点和样本,成立区

[①] 课题负责人:吕宁华 专家指导:张壹帆
本文在2022年度栖霞区"校地党校工作联盟"课题调研评奖中获优秀奖。

"法企直通"服务驿站,搭建解决小微企业法治服务供给侧的专门平台,实现"线上＋线下"法治服务全流程、全覆盖、全聚合。一是"微驿站"线下"就近办"。安排有丰富执业经验的律师、调解员、公证员定期现场值守,提供法律咨询、知产保护、法治体检、法律援助、公证服务、纠纷化解等一站式法律服务。二是"微e站"线上"随时办"。依托园区企服线上平台,开通、完善法治频道、服务热线、微信网站等媒介,定期发布案例推送、法律援引、政策解读等服务内容,及时提供普法宣传、公证管家、法律援助等专业服务。三是"导师团"帮扶"精准办"。以法治服务、规范经营、减税降费三大问题为主设计服务板块,建立分类法律服务供给机制,由专业"导师团"提供精准服务。四是"一对一"量体"商量办"。在普适性、公益性法律服务的基础上,针对企业个性需求提供定制化、清单式服务。自2022年6月启动以来,驿站已受理园区内咨询近80次,处理电商平台案件16件,走访企业15家,参与知识产权案件线上调解63件,制定发放《区优化营商环境企业全生命周期法律服务》手册,组织"民法典时代的担保制度""企业工作人员职务犯罪与预防""守护钱袋子 护好幸福家"防范非法集资等主题讲座多场,真正发挥出驿站实实在在的作用,让企业看得见、用得好、得实惠。

（二）精细制定服务举措

栖霞区结合区域特点,出台《法治服务小微企业九条举措》,为小微企业提供更加优质高效、快捷方便的法治服务。一是形成"家门口"服务体系。优化区知识产权维权法律援助分中心运行模式,在南大科学园和马群科技园新设区知识产权法律援助工作站,根据小微企业需求推荐专属公证管家,优先办理股权转让、公众号迁移、证据保全、委托书、证照译文相符等国内和涉外公证事项。通过开展"法进小微企业"、在区融媒体中心《法律诊所》栏目开设小微企业维权专题等"线上＋线下"宣传方式,引导小微企业遵循市场规则、依法生产经营。二是提升法律服务质效。开辟行政复议绿色通道,依法及时受理、审查涉及小微企业行政复议案件,引导依法经营管理。积极运用行政调解实质性化解矛盾、非诉方式诉前处理纠纷。发挥村(社区)法律顾问作用,通过优秀案例评选、典型选树等方式,鼓励、引导、支持村(社区)法律顾问为辖区小微企业提供法律服务。三是实施包容审慎监管。推行柔性行政执法,督促相关执法部门依法依规制定不予实施行政强制措施清单,落实轻微违法违规行为免罚轻罚事项清单,以建议、指导、约谈等方式引导小微企业依法依规生产经营。

(三) 精准组建服务团队

根据法治服务小微企业的实际需要,组建各类法律服务团队6个,为企业提供全方位、立体式服务。一是组建栖霞律师讲师团,常态化开展法治宣讲、法律咨询、法律援助,为企业经营管理、防范风险、化解纠纷针对性提供专业法律意见。二是组建知识产权维权律师团,从申报登记到侵权、维权全方位保护,搭建起知识产权"全生命周期"保护机制。三是定制"企业公证管家",为企业生产经营中高频公证事项提供个性化服务,实现"精准、快速、便捷"办理。四是组建"栖事宁人"明星调解团,提供商事纠纷化解一站式多元解纷平台,实现与诉前调解、人民调解、律师调解、司法确认全流程的无缝对接。

(四) 精诚研发企服平台

由区司法局牵头,引导律所研发"品律企服通"为企服务平台,建立中小微企业服务库以及包含企业章程、规章、常用合同在内的免费规范性文库,选配为小微企业解决日常、"个性化"法律事务的专职法律服务人员,致力于为小微企业提供从孕育诞生、成长壮大成熟、衰退消亡"全生命周期"暖心综合服务。平台运行以来,已累计入库企业200余家,通过平台热线咨询等方式,提供答疑解惑、财税咨询230余次,"线上+线下"为企业开展合同审查100余件,文本下载50余次,开展法治讲座7场(次),服务效率和服务广度不断提高。

二、栖霞区小微企业发展面临的法律困境

(一) "用工难",劳动法规落而不实

与大企业相比,小微企业的发展空间相对狭隘,工资福利待遇相对较差,工作的稳定性程度相对较低,人员流失现象较为频繁,导致部分小微企业主失去守法定力,在劳动用工方面存在"投机取巧"的侥幸心理,进而采取一些"名为合法、实为违法"措施。虽大力宣传劳动法、劳动合同法等法律法规,但仍有部分企业主频频从法律顾问身上讨教所谓违规用人的"技巧",从劳动者身上"讨巧",以节约一部分"人力成本",劳动法规"落而不实"成为中小微企业目前

最突出的问题。

(二)"融资难",合规体系建设不全

小微企业普遍存在"融资难"问题。一方面,金融机构针对小微企业提供的金融产品品种少、规模小;另一方面,大部分小微企业合规性状况不佳、财务可信度不高,个别小微企业存在抽逃资金、拖欠账款、恶意偷欠税等信用问题,区域内小微企业的整体信用形象受到影响,导致金融机构要求更高、审批程序更严格,难以满足小微企业的科技金融需求。部分中小微企业被迫转向民间渠道融资,进而引发民间"非法集资案件"上升等连锁反应,破坏了法治化营商环境。

(三)"创新难",知识产权保护薄弱

从企业发展的实际来看,科技型企业在其发展过程中最主要的风险是知识产权风险。部分科技企业产品技术含量高,涉及信息、电子、生物工程、新材料、新能源、大数据等社会生产生活领域,但由于小微企业技术和管理相对落后、知识产权意识淡薄,品牌与专利难以传播、培育与推广,易发生侵犯国际知名机构知识产权的情况,而引发纠纷与诉讼。

(四)"信任难",法律意识相对欠缺

部分小微企业主对企业法律服务的内容、法律服务人员对企业的价值等认识不足,对专业律师提供的规范公司治理、投融资风险防范、知识产权保护等非诉法律服务理解存在偏差,导致大部分小微企业未能做好法律风险的事前防范,在纠纷发生时才想到找法律服务机构出面解决,临时抱佛脚,往往出现付出成本后还是"输官司"的情况,部分小微企业主萌生出"法律服务无用论"的观点,对法律服务的信任度逐渐降低。

三、栖霞区强化法治服务小微企业的建议

(一)重塑企业用人理念,培养专业法律人才

加强对企业主合规用人理念培训。小微企业匮乏法律人才,难以建立起

真正的现代企业制度,需加强对企业主法律意识的培训,培养法律思维、调整用人理念,为完善企业管理制度夯实基础。牢固树立执业律师等的社会责任。积极引导执业律师、法律顾问等时刻牢记法律人的社会责任,摒弃过度的趋利性思想,防止过度阿附当事人而丧失专业原则,树立经济效益和社会效益并重的思想,重建区域法律服务主体间的信任关系,提升区域营商法治环境水平。提升法律服务人员的综合素养。成长型小微企业的法律服务需求涉及投资、融资、数字化、企业兼并、资产重组、知识产权等多个方面,专业性程度较高,需进一步鼓励法律服务人员积极参加各类资本市场、数字经济以及各行业交叉技能培训,提升自身的综合专业水平,更好适应和满足法律服务的新要求。

(二)完善合规体系建设,强化科技金融法治

为知识产权保护提供公益法律服务。科技创新是现代市场的核心竞争力,知识的产权化是科技创新的重要保障,需依托已搭建的驿站、平台,在现有成效的基础上,进一步为小微科技企业提供维权培训、热点研究、交流合作等线上＋线下综合性公益法律服务,夯实企业发展的科技根基。共同打造法律科技金融的合规生态圈。因业务的特殊性,服务小微企业的诸多科技金融机构、知识产权中介机构,存在更为突出的金融合规性问题。强化司法行政部门、金融监管部门、知识产权管理部门等沟通协作,引导、鼓励小微企业和服务小微企业的金融与中介机构,逐渐建立企业合规体系,并获取标准的认证证书,优化科技金融各类机构与业务的合规性水平。

(三)创新法律服务模式,构建诚信守法生态

传统模式是由小微企业自行聘请人员提供法律服务,小微企业难以承担服务成本,往往"有名无实",需要进行模式转换创新。"商协会＋法律"服务模式。依托商会模式下企业的共同性,引导律师、法律服务人员担任各类商会的法律顾问,为商协会组织提供法律服务,对共性问题提供普适性法律服务,对个性问题提供专业法律服务,从而实现服务成本、效率和品质的完美融合。鼓励法律服务机构与总商会设立"商会法律服务中心",为会员企业提供法律服务。召开法律知识宣讲、咨询会、路演会、诚信评选会,探讨当前创业、经营与投资中最易出现的法律问题,将法律服务辐射至小微企业。"政府采购＋公益法律"服务模式。将小微企业法律服务列入政府公共法律服务,根据企业需

求，通过政府购买获取专业型、专家型的企业法律服务产品，尤其是小微企业喜闻乐见的"企业用工法律咨询会""投融资合规咨询会""资本市场风险辅导会"等，以提升企业法律风险防控水平。选树一批小微企业作为法律服务标准化的试点企业，公开甄选自愿承担公益法律服务的法律服务机构为小微企业提供法律服务，由政府给予相应补贴，提高法律服务机构积极性。通过对样板诚信企业的法律服务，以点带面，引导小微企业"诚信经营、依法治企"，创建小微企业法律服务品牌，加强典型案例的宣传报道，引导、提升企业诚信意识和防范法律风险的意识。

（四）优化智慧法务供给，重构信任信赖关系

开发数字场景与法律服务 AI 化。数字化经济模式下，线下经营成本高，服务水平由于个体差异难以标准化，且线下数字化迭代速度欠缺，致使法律服务机构向"线上＋线下"模式转型，因而，基于数字的方法成为主流服务模式。在数字化经济模式下，小微企业的法律服务或可被拆解成不同环节，组成不同的服务场景。例如，法律服务人员可借助各类专业的数字服务场景平台，搭建"法治 AI 机器人＋后台在线律师"模式，直接解决专业场景中的法律问题，这样通过专业的场景化通道，法律机构也扩大了服务范围，提升了应答效率。引入与培育法律科技平台。着重培育与引进一批法律科技公司，利用知名平台的力量，覆盖与辐射全区中小微企业的法律需求。法律服务机构除了依托园区、律所线上平台，还需进一步向国内知名的法律科技平台延伸，集聚辖区各家法律服务机构，为区内小微企业提供公益性的服务入口，将专业化、精准化的法律服务"零距离"输送至小微企业，实现效益和成本的共赢。

栖霞区普惠托育体系建设的实践和思考

栖霞区卫健委课题组、南京财经大学公共管理学院指导组[①]

近年来,栖霞区在国家、省、市卫健委主管部门的指导帮助和市委市政府的正确领导下,认真贯彻《国务院办公厅关于促进3岁以下婴幼儿照护服务发展的指导意见》《江苏省人民政府办公厅关于促进3岁以下婴幼儿照护服务发展的实施意见》《南京市促进3岁以下婴幼儿照护服务发展实施方案》,不断加大政策支持,扩大服务供给,优化服务管理,努力推动托育机构建设高质量发展走在前列,全区群众满意度逐年提高。栖霞区普惠托育体系建设获得2021年度省政府落实重大政策措施真抓实干成效明显表彰激励。

一、栖霞区普惠托育体系建设主要做法及工作成效

(一)坚持目标导向、科学规划,推动托育机构发展更多元

加快提升每千人托位数。区政府出台《栖霞区促进3岁以下婴幼儿照护实施方案》,要求各街道2025年前,至少建成1家"质量有保障、价格可承受、方便可及"的具有示范效应的普惠性托育机构,实现每千人托位数4.5个以上。目前全区下辖9个街道,3岁以下婴幼儿2.1万人,托育机构31家,民办幼儿园托班38家,总托位数4 086个,以常住人口98.78万为基数计算,每千人托

[①] 课题负责人:董冬平　专家指导:江永清
本文在2022年度栖霞区"校地党校工作联盟"课题调研评奖中获优秀奖。

位数已达4.1个。探索构建四级托育服务体系。建立区级指导中心为引领、街道指导站为基础、托育机构为主体、社区亲子室为补充的托育服务体系。区指导中心获评市级示范指导中心,尧化、西岗、迈皋桥、龙潭等4个街道指导站获评市级示范指导站,小蜜蜂、五色花等2个育儿园获评省示范托育机构。努力提供多样化托育服务。开展全日托、半日托、计时托、临时托等婴幼儿照护服务,把方便留给家长;推进"科学育儿知识进家庭、亲子体验进社区"为主题的亲子"双进活动",22个社区亲子室全天开放,把服务送到群众家门口。

(二) 坚持政策引领、普惠优先,引导托育机构收费更亲民

出台《栖霞区普惠托育服务政策支持清单》,采取政府免费提供场地、减免租金、建设奖补等举措,降低托育机构运营成本,全区已建成普惠托育机构8家,覆盖6个街道,预计2023年年底前可覆盖8个街道,2024年前可实现9个街道全覆盖。"公建民营"模式。尧化、八卦洲、西岗三个街道指导站采取场地、设施都由街道投入,委托公办幼儿园进行管理,入托费每月1 200—2 200元不等。其中尧化街道小蜜蜂育儿园入托费每月2 200元,引入栖霞区第一实验幼儿园全面管理,入托率常年达到95%以上。"公助民营"模式。马群街道指导站(苹果树育儿园)采取场地由街道低租,委托第三方运营,入托费每月2 200元左右,其中对特困家庭婴幼儿入托收费予以优惠,每月为1 800元。"校企合作"模式。南京审计大学金审学院在校内开设五色花育儿园,与大学校园环境共享、师资共享,学院每年免租金、免水电费30多万元,入托费每月2 500元,本院职工子女还减免1 000元。

(三) 坚持加大投入、纾困解难,促进托育机构运营更稳定

安排专项资金。区财政连续4年安排146万—156万元扶持托育机构建设发展,出台《专项资金管理办法》,明确托育机构建设奖补、运营补贴、业务培训、亲子活动等项目经费标准。各街道共投入近千万元资金用于托育机构建设提升。争取上级扶持。2020年以来,帮助4家托育机构争取到中央普惠托育服务专项资金300万元;帮助街道指导站、普惠托育机构、社区亲子室获得省、市奖补247万元。主动排忧解难。实施托育机构建设、验收、运营、评比"跟踪式"精准服务、靠前服务。特别是新冠疫情给托育机构造成的运营困难,区财政积极加大投入,2020年、2021年两年区级财政共为备案的托育机构补

贴运营专项资金155万元,"雪中送炭"得到了托育机构普遍点赞。

(四)坚持建管并重、强化监管,确保托育机构安全更牢靠

持续加强综合监管。建立健全登记备案、质量评估制度,两年新增6家社会办托育机构;督促落实安全主体责任,配备相应的安全设施、器材及安保人员。强化应急处置机制。坚持部门协同、区街联动,建立托育机构关停等特殊情况应急处置机制。2021年9月对一家存在重大消防安全隐患的托育机构坚决关停,同时又积极妥善处理退费、婴幼儿分流入托工作,"零上访"解决矛盾问题。创新开展星级管理。率先出台《托育机构等级管理评估标准及评估细则》,明确教养队伍、管理绩效等5大类评估指标,以评促建、以评促管,先后评出四星级机构3家、三星级机构6家,托育机构服务内涵质量显著提升。

二、栖霞区普惠托育体系建设主要困难和问题

(一)托育机构现有指标尚未实现规划目标

目前栖霞区每千人托位数4.1个、6个街道建有普惠托育机构,距离每千人托位数4.5个、9个街道"一街一普惠"的目标还有一定差距。

(二)托育机构运营发展存在一定困难

目前一些民办托育机构在房屋租金和人力支出等方面成本较高,特别是近两年受到疫情的影响,运营和发展遇到一定的瓶颈,需要从政策和制度层面来支持和引导。

(三)托育机构日常监管存在一定难度

由于既往对托育机构缺乏系统的规划布局,大多数民办托育机构依托经营性商户进行改造经营,结构和功能布局不尽合理。"放管服"改革后,托育机构市场准入门槛较低,而事中事后监管力量不足,日常监管还需进一步形成合力、加大力度。

三、栖霞区普惠托育体系建设发展对策建议

托育机构建设是重要的民生工程、民心工程,做好托育工作,对于激发"生"的意愿,解决"育"的难题,减轻"养"的负担,具有重要作用。下一步,栖霞区坚决落实国家、省、市有关托育建设工作要求,不断加大工作力度,给"最柔软的人群"提供"最安全的照护"。

(一) 加快实现托育机构建设规划目标

加强组织领导,充分发挥省、市、区促进3岁以下婴幼儿照护服务发展联席会议作用,加强部门协作,形成工作合力,推动各项支持政策落实落地,并将托育服务纳入民生工程,列入各地民生实事。强化规划引领和典型示范带动作用,在社区配建托育机构,引导机关、企事业单位为职工子女提供托育服务,在有条件的民办幼儿园推开"托幼一体化",加快实现每千人托位数4.5个目标;计划2023年推动燕子矶(小燕子育儿园)、栖霞街道(阳光天使托育园)各建设1个普惠托育机构,2024年前推动龙潭街道建设1家普惠托育机构,提前实现"一街道一普惠"的目标,为辖区群众提供更加优质、公平、可及的托育服务。

(二) 加大托育机构政策支持

完善托育费政府补助政策,实施托育机构建设运营资金支持政策。为支持民办托育机构有效应对新冠疫情影响,促进托育机构平稳健康发展,省财政厅、省卫健委于2022年9月8日联合发文,下达2022年托育机构一次性纾困补贴省级补助资金,标准为50个以下托位的每家3万元、51至100个托位的每家4万元、100个以上托位的每家5万元,由省市区财政共同承担。栖霞区将在前两年进行运营补贴的基础上,进一步落实纾困补贴,促进民办托育机构健康运营。

(三) 加强托育机构综合监管

卫健、发改、教育、公安、民政、住建、市场监管等行业部门和属地街道要切实负起行业指导责任和属地管理责任,加强婴幼儿照护服务的规范发展和安全监管,督促托育机构落实安全管理主体责任,建立健全安全管理制度,及时发现并消除各类安全隐患,打造更多更好的优质园、放心园。

生态文明建设篇

关于推进栖霞区幸福河湖建设的实践与思考

栖霞区政协办课题组、河海大学公共管理学院指导组[①]

习近平总书记强调,保护江河湖泊,事关人民群众福祉,事关中华民族长远发展。为了深入贯彻落实习近平总书记关于建设"造福人民的幸福河"的号召,2021年省市相继签发1号总河长令,提出力争到2025年全省城市建成区河湖基本建成幸福河湖,到2035年全省河湖总体建成"河安湖晏、水清岸绿、鱼翔浅底、文昌人和"的幸福河湖。根据幸福河湖建设内在要求,南京市结合本地实际出台《幸福河湖建设行动计划(2021—2023年)》,明确2023年年底前将重点打造100条城市特色幸福河、100条乡村田园幸福河、100座美丽幸福湖泊,示范引领和推动全域的河湖建设,其中栖霞的建设任务有15条。为了更好推进栖霞区幸福河湖建设,区政协组成专题调研组,会同区水务部门,组织开展实地调研,了解栖霞区河湖现状,积极为栖霞区幸福河湖建设出谋划策,形成情况报告如下。

一、栖霞区河湖基本情况

栖霞区因山而名,因水而兴。作为全市长江岸线最长(80.19公里)的主城区,栖霞水资源丰富、河湖众多,全区共有68.04平方公里水域面积(占总面积17.21%),境内有北十里长沟西支、东支等8条入江河道。按照《南京市幸福河

[①] 课题负责人:庞博 专家指导:陈涛
本文在2022年度栖霞区"校地党校工作联盟"课题调研评奖中获三等奖。

湖建设三年行动计划》，栖霞区2021年创建1条，2022年新增创建13条（表1），计划到2023年共建成18条幸福河湖。

表1 栖霞区幸福河湖建设2022年度计划

序号	河湖名称	所属街道
1	百水河（栖霞段）	马群
2	牛王庙沟	
3	北十里长沟西支	燕子矶
4	丁家庄沟	迈皋桥
5	南十里长沟二支	
6	仙林湖	西岗
7	周冲水库	
8	西岗大湖	
9	羊山湖	仙林
10	柳塘沟	尧化
11	十月沟	栖霞
12	长江（八卦洲东江村段）	八卦洲
13	马渡河	龙潭

近年来，栖霞区坚决推进河湖生态环境综合治理，坚持高标准规划，全面勾勒幸福河湖新图景，科学推进建设节奏，在水质、水岸、水景等方面已取得了显著的成效。

（一）水环境质量历史最优

"十三五"期间，栖霞区率先全市基本消除全域劣Ⅴ类水体，成为首个通过国家级县域节水型社会达标建设的主城区，2021年全区13个国、省、市考断面全部达优，河湖沟渠处处碧波荡漾。燕子矶片区化工企业关停并转搬，通过控源截污、清淤护底、拆乱整破、生态修复等系统措施，大力整治北十里长沟西支河道水质，在沿线两岸建成约5.3万平方米的游园绿地及3公里的贯通绿道。北十里长沟西支已成为全市乃至全省水环境治理的精品和样板工程，栗战书、韩正等党和国家领导人先后多次来区视察，都给予高度肯定。

（二）治水质效答卷优秀

栖霞区坚持贯彻落实河湖长制，将区内450条河道全部纳入河湖长制管理,并设置三级河长,切实提高了河湖治理效率。同时,充分利用高校资源,与高校开展合同节水试点工作,落地南京市首个高校合同节水项目。在南京市对各区最严格水资源管理制度考核中,栖霞区连续多年取得"优秀"等次。2019年,栖霞区代表江苏省接受水利部"四不两直"检查,水资源管理工作获得水利部的充分肯定。栖霞区还主动赴句容市宝华镇协调对接,共商解决方法,并建立跨市域河长制联席会议机制,定期会商各类矛盾问题,全力压降区外污染。目前,宝华污水处理厂已扩容1万吨,仙林国际撇洪沟周边污水漫溢的情况得到了较大改善。

(三)水乡韵味更加彰显

2021年,栖霞区围绕幸福河湖建设持续发力,切实加强水生态环境治理。在保持全线水质达到Ⅲ类水标准的同时,打造北十里长沟东支为全市幸福河湖建设试点,设计中融入河长制元素,并结合栖霞特色,建成主城区首家河长制主题公园,成为南京首批示范幸福河湖中的城市河道综合治理、生态修复、水资源再利用和文化建设的样板,实现了"五彩河"向"网红河"的转变。

(四)幸福河湖初见成效

2021年,栖霞区水务局选取北十里长沟东支为试点,进行实践探索;2022年,持续发力,加快进度,不仅多层次、多维度、全方位构建全区幸福河湖体系,还联合第三方专业机构组织区级自评,力争高标准完成13条幸福河湖的建设任务。截至目前,12条河湖均以超90分的高分通过市级考评验收[其中长江(栖霞段)具备验收条件,等待市级统一验收],全部被评为市级"示范幸福河湖";全区9个街道结合区域特点和河湖形态,打造了各具特点的"幸福河湖驿站";北十里长沟西支幸福河湖主题公园已建成落地,为周边居民新添了一个活力亲民的娱乐好去处;11月17日,周冲水库也以776分的高分通过了省级验收,成为省级水利风景区。

二、栖霞区幸福河湖建设存在的问题

(一) 建设力度还需进一步加强

自2017年起,栖霞区通过黑臭河道整治,再到持续提升污水收集能力,全区现有的河湖水环境得到了极大的改善。目前,南京河湖治理又迈入了全新阶段——围绕"河安湖晏、水清岸绿、鱼翔浅底、文昌人和"16字方针,幸福河湖建设既要具备自然流畅、水质优良、水清岸绿、生物多样、景观协调等"美丽可见"的外在硬环境,又要营造安全可靠、管理高效、人文彰显、惠民宜居等"幸福可感"的内在软环境。对照南京市最新的《幸福河湖评价规范》和《河湖建设技术指南》标准,栖霞区虽已建成北十里长沟东支及西支两个主题公园,但仍有部分河湖在河道生态、亲水设施、景观打造等方面需完善,离全方位升级打造成为栖霞新样板还有一定差距。

(二) 管护机制有待进一步健全

2022年,栖霞区实施2项水环境提升工程,3个雨污管网清疏修缮工程,建设衡阳净水站,不断改善河道底质,增强污水收集处理能力。但河湖"持久美"还需要进一步完善管养模式,目前栖霞区河道管护主要围绕水面、岸坡等方面进行,幸福河湖在景观、设施、人文等方面还可以继续提档升级。另外,虽然今年西岗街道充分发挥驻地企业的优势,聘请"企业河长",让企业从"旁观治水"转化为"责任治水",共同守护了河畅水清。但部分偏远街村水体常态管护依旧缺少专业管护人员,群众参与度不高,管护的信息化智能化水平有待提高。

(三) 跨界协同共治仍需进一步加强

以流经栖霞区、北入长江的七乡河为例,该河流南部源于江宁区安基山水库,在栖霞区境内全长11.6公里。由于河流中部在仙林大道东侧约1.5公里的河段位于句容市宝华镇境内,如果句容境内存在污水排放管控不达标的情况,七乡河栖霞段断面的水质监测必定会受到影响。目前栖霞区已主动对接句容相关部门及句容宝华镇相关部门,但为深入推动河湖长制工作,加强上下游联动,共护幸福河湖,仍需要加强高位协调,紧密联系兄弟市区,为实现"水清、水秀、水韵、水宁"的人水和谐新画面共同努力。

三、推进栖霞区幸福河湖建设的建议

(一) 坚持规划引领,让水美的魅力更加彰显

一是绘好治理"路线图"。坚持"绿水青山就是金山银山"的理念。根据《长江保护法》和《南京市幸福河湖建设行动计划(2021—2023年)》的相关要求,结合栖霞区编制的"十四五"规划明确提出的要持续推进水环境质量改善的要求,编制完善栖霞区全流域水系整体规划,统筹好长计划与短安排、建成区与全流域、治标与治本、建设与管理的关系,将栖霞区18条幸福河湖划分为已建成和未建设两类,分别明确管养重点和建设重点,以时间表、路线图、责任人的形式分解落实到每个单位街道,确保这项重大民生工程能够真正落得下、办得好。二是汇聚三区"融合力"。"三区融合"是栖霞发展的优势。幸福河湖建设,要充分发挥栖霞行政区、南京经济技术开发区和仙林大学城"三区融合"的组织优势和资源优势,成立跨域治理专班,统一部署和组织协调跨域河流治理,变"单建单护"为"共治共享"。行政区要扛起水环境治理的主体责任,全力推动水务工作"全员共治"。经开区要严格执行《南京经济技术开发区城镇污水处理提质增效精准攻坚"333"行动方案》,加强执法监管,积极探索"政企共治",完成水环境治理,特别是污水处理的各项任务。仙林大学城要充分发挥高校资源集聚的优势,邀请水环境治理、河道养护方面的专家学者,更多地为栖霞区幸福河湖建设支招把脉、出谋划策,着力创新"校地共治"模式。三是共商共治"一盘棋"。河湖流域治理涉及河道河岸、水面水下、各行各业诸多方面。要推进跨界协同共治,建立"方案同商、规则同守、行动同步、资源同享、信息同频、责任同担"的协作机制,水利部门抓好生态河湖建设,生态环境部门加大污染防治力度,住建部门加大水体治理步伐,交通运输部门要推进航道沿线和港口码头综合整治,农业农村部门要加强畜禽养殖和农业水源污染治理,形成齐抓共管的格局。健全跨市域河长制联席会议机制,强化区域与区域间的信息互联互通,加强河流上下游、河与河之间的协同治理,形成同步治理、共同管护的联合治水新模式。

（二）狠抓治理重点，让水美的韵味更具质感

一是要推进达标治理。河湖美不美，水质是关键。经过驰而不息的努力，栖霞区所有水体的水质均已消除劣五类，栖霞人基本告别了臭水沟的困扰。对照幸福河湖对水质的更高标准，栖霞区决不能放低工作标杆，放松工作要求，必须不断巩固"消黑消劣"的整治成效，落实落细长效管护机制，强化排水监管、水体巡查和水质检测，把达标排放作为必须坚守的"生态红线"，久久为功，持续发力，让河湖的水质越来越清。要大力提增防洪排涝能力，加强骨干河道和支流治理，对河道、水库实施除险加固，确保河湖安澜。积极进行城市排水防涝治理，加快推进海绵城市建设，让居民群众安然度汛。二是要突破工作难点。要对照幸福河湖计划的更高要求，经常对全区各类河湖水体进行全方位调查与诊断，掌握基本情况，发现问题症结，认真整改落实。要牢牢盯住幸福河湖治理中的难点重点问题，对大力推进老城区雨污分流、污水收集处理系统扩容改造、河湖生态修复治理、深入挖掘栖霞河湖文化内涵、不断提升居民亲水近水幸福指数等工作，明确具体目标、任务和项目清单，拿出切实可行的措施办法，确保难点问题有明显改观。三是要强化典型示范。要切实发挥北十里长沟东支、西支建设样板的引领带动效应，以经验介绍、视察调研、探讨交流等多种形式，以点带面，打造更多样板项目，构建连线成网的幸福河湖水系，让"盆景"变成"风景"。要学习借鉴其他地区的先进经验和典型做法，围绕长江岸线整治、太湖水环境治理等重点优秀水治理项目，向江北新区、无锡、苏州等地虚心学习请教，让栖霞区的工作兼容并包、博采众长。

（三）科学精准管护，让水美的幸福更加持久

一是坚持管护全面化。要坚持以水安全、水环境、水生态、水资源、水文化、水经济"六位一体"为统领，将水质监测、岸坡整治、生态修复、设施维护、开发利用、文化遗存保护等内容统一纳入常态化幸福河湖管护范围，确保水环境治理和幸福河湖建设成效持久、功能完好，文化繁荣、群众满意。要在管护良好的基础上，合理开发利用水资源、水环境、水文化，打造成集休闲、文化、经济等功能为一体、人与自然和谐的生态综合体，让产生的经济效益反哺河湖生态养护，做到幸福河湖永续发展。二是推动管护专业化。要学习借鉴先进地区经验，引入市场化的管护队伍，让专业的人做专业的事，

进一步理顺河道管护领域政府与市场的关系，推动管护作业市场化改革，由政府向第三方购买服务，逐步形成"市场竞争有序化、资金使用高效化、监督管理科学化"的养护作业新模式。三是探索管护智能化。要学习借鉴重庆"智慧河长"、福州无人机"5G智能河长助手"、西宁电子"水利一张图"、浙江"绿水币"小程序等先进做法，利用大数据智能化的手段，探索幸福河湖建设的智慧管理新模式。加强河湖空间管护，拓展无人机、卫星遥感等动态监察能力。按照行动计划要求，建立集水安全、水资源、水环境、水生态、城乡供排水为一体的水务"一张图、一平台"，实现对河湖治理的全程全时全领域及时监管和分析研判。

(四) 强化组织保障，让水美的基础更加夯实

一是完善责任体系。进一步健全上下贯通、层层落实的河湖管护责任链条，继续聚力栖霞区三级河湖长制工作开展，加强对幸福河湖建设工作的领导、组织、协调，明确各街道各部门河湖保护治理任务，不断加大河湖长履职监督、正向激励和考核问责的力度，形成党政主导、水务牵头、部门协同、社会共治的河湖保护治理机制。河长办要及时梳理各成员单位职责和任务，将工作目标纳入各成员单位的年度考核，并检查考核落实推进情况；各成员单位要各负其责，各司其职，对照目标、任务，制定细化具体实施方案，抓好任务的组织实施和跟踪督促。二是争取多方支持。4月，水利部出台《水利风景区管理办法》，为促进幸福河湖建设提供了坚强的政策支持。栖霞区也应注重政策性创新，立足区内实际，出台幸福河湖建设财政补贴政策及相关管理办法，从而巩固河湖建设成果。另外，高度重视河湖综合整治的资金投入，一方面，要认真对照上级有关政策，积极主动对上争取项目的资金支持；另一方面，要建立政府投资、市场融资、社会筹资的多元化资金筹措模式，强化专款专用，切实保障幸福河湖建设项目顺利实施。2022年，栖霞区政协聚焦2022年市区联动"幸福河湖"建设重点提案以及栖霞区落实省市"幸福河湖"建设任务的推进情况和实际成果，持续深化开展协商式、助推式、促进式监督，先后邀请70余名政协委员参加，召开专题座谈会12次，有效推动了13条幸福河湖建设进展。今后，应继续充分发挥人大代表与政协委员的作用，及时反映群众呼声，为向上争取支持打好基础，营造氛围。三是加强宣传引导。广泛宣传河湖管护的法律法规，在河湖岸边树立河长制公示牌，接受群众监督，充分发挥媒体舆论的

引导监督作用,在全社会开展河湖管护宣传教育,开展河湖知识进社区、企业、校园,充分利用"世界水日""中国水周"等开展形式多样的宣传活动,增强社会公众爱护河湖的意识,营造"共同保护水环境,共享亲水好生活"的浓厚氛围,让群众参与到爱河护湖中,提高群众的满意度。

关于栖霞区碳达峰工作的实践探索

栖霞区发改委课题组,南京大学地理与海洋学院、国土资源与旅游学院指导组[①]

实现碳达峰碳中和,是贯彻习近平生态文明思想的重要实践,是实现我国"两个一百年"奋斗目标的重要举措,是应对国际国内新形势的重大战略安排。"十三五"以来,栖霞区委、区政府高度重视"双碳"工作,着力优化制度设计和政策安排,坚持以"源头减碳、过程降碳、末端降碳"为"处方",以经济社会发展全面绿色低碳循环为引领,通过加快产业转型、优化能源结构、节能降碳协同减排、增加林地湿地碳汇等一系列减排措施,取得了阶段性成效,走出了一条具有特色的生态优先、绿色低碳的高质量发展之路。

一、相关背景分析

2020年9月22日,国家主席习近平在第七十五届联合国大会一般性辩论上表示,中国将采取更加有力的政策和措施,二氧化碳的碳排放力争于2030年前达到峰值,努力争取到2060年前实现"碳中和",吹响了中国能源革命的号角。

2021年3月15日,中央财经委员第九次会议,习近平总书记专门强调,实现碳达峰、碳中和是一场广泛而深刻的经济社会系统性变革,要把碳达峰、碳

[①] 课题负责人:杨霖 专家指导:陈逸
本文在2022年度栖霞区"校地党校工作联盟"课题调研评奖中获优秀奖。

中和纳入生态文明建设整体布局，拿出抓铁有痕的劲头，如期实现"双碳"目标。

2021年4月30日，习近平总书记在中共中央政治局第二十九次集体学习中专门指出，实现碳达峰、碳中和是我国向世界作出的庄严承诺，也是一场广泛而深刻的经济社会变革，各级党委和政府要拿出抓铁有痕、踏石留印的劲头，明确时间表、路线图、施工图，推动经济社会发展建立在资源高效利用和绿色低碳发展的基础之上。

2022年10月16日，习近平总书记在党的二十大报告中又专门提出，推动绿色发展，促进人与自然和谐共生，要积极稳妥推进碳达峰碳中和。立足我国能源资源禀赋，坚持先立后破，有计划分步骤实施碳达峰行动。完善能源消耗总量和强度调控，重点控制化石能源消费，逐步转向碳排放总量和强度"双控"制度。

围绕落实国家"双碳"战略部署要求，在国务院专门印发《关于加快建立健全绿色低碳循环发展经济体系的指导意见》的基础上，省市也相继编制出台了碳达峰行动方案、"十四五"低碳发展规划、绿色低碳循环发展三年行动计划等指导性文件，并开展了重点领域和重点行业达峰预测研究，全面统筹推进低碳先锋城市建设。全区围绕实现碳排放达峰目标，推进减污降碳，在开展目标及路径研究的基础上，从区域产业高质量发展、经济结构调整、能源结构优化、重点领域绿色低碳发展、重大项目建设、探索近零碳及碳中和试点示范等方面开展了全链条绿色发展专项行动，赋能碳达峰碳中和目标实现。

二、全区低碳现状分析

受产业结构影响，栖霞区现有石化、水泥、煤电等高碳产业且比重较大，目前已形成"产业高碳锁定、排放结构集中"的基本格局，其中，石化、化工、发电、建材等高耗能行业能源消费占全区能源消费总量的比重接近80%。

（一）经济和产业发展现状分析

近年来，全区紧密围绕"4+4+1"主导产业方向，加快光电显示、绿色新能源汽车、生物医药等产业集聚和培育，主导产业加速向中高端迈进，逐步实现高新技术产业贡献份额和结构层次"双提升"。2020年，全区地区生产总值

1 569.15亿元,较2016年增加20.5%,其中第二产业较2016年增加4.23%,第三产业较2016年增加53.5%。三次产业结构调整为0.50∶57.53∶41.97。一、二产比重分别较2016年下降0.08个百分点和8.96个百分点,三产比重较2016年提升9.04个百分点。

(二) 能源消费现状分析

测算分析,栖霞区2020年度全社会能源消费量684.74万吨标煤,较2016年增加37.89万吨,其中,一产能源消费量0.56万吨,二产能源消费量529.59万吨,三产能源消费量119.37万吨,另有居民生活用能35.22万吨标煤。较2016年相比,全区能源消费增速控制在年均1.14%,煤炭消费量下降15.36%,电力消费量增长14.65%,单位GDP能耗累计下降37%,以低增速能源消费支撑全社会经济中高速增长,能源利用效率已得到大幅提升。

(三) 重点排放领域碳排放现状分析

通过对全区2018—2020年直接碳排放量的比较分析,二氧化碳排放总量分别为2 270.81万吨、2 191.43万吨和2 098.00万吨,逐年下降。2020年,能源生产及加工转换领域的排放量较2018年下降7%,占总量的比例上升至75%;工业领域的排放量较2018年下降了近8%,占比在22%左右;交通运输领域排放量占总量的比例在3%左右。

三、开展的主要工作及成效

(一) 坚持统筹谋划,积极构建绿色低碳发展政策体系

围绕加强"双碳"工作系统性、谋划性,聚焦强化顶层设计,强化行政区、经开区、大学城三区联动,统一工作步调和工作要求,做好与省、市碳达峰行动相关工作的紧密衔接。凝聚双碳工作合力,研究编制《栖霞区推进碳达峰碳中和工作行动方案》,指导全区碳达峰碳中和工作。锚固双碳关键领域任务,编制并下发《2022年度栖霞区碳达峰碳中和工作要点》,聚焦9大领域,主要重点工作24项、重点示范项目18个,以争取各类示范创建和推进"双碳"示范项目为突破,集中力量攻坚。

(二)立足持续发展,优化调整绿色低碳发展能源结构

在全市率先研究并启动能耗预算管理工作,全面统筹经济社会发展和能耗要素资源要素保障配置,为重大项目在能耗指标替代、政策咨询、向上汇报等方面提供帮助。多渠道传导控煤压力,引导企业提高煤炭使用效率,完成金陵石化1号、2号重点机组关停,2019年以来控煤工作顺利通过中央环保督察。积极推进能源供给多元化、清洁化,加快大唐南京发电厂二期2×655MW燃气机组等重点电源项目实施,支持帮助金陵石化引入徐州睢宁绿电、华能金陵发电生物质耦合发电等项目。以全区公共机构光伏试点示范为引领,制定公共机构年度光伏建设进度计划,鼓励企业优化能源结构,扩大光伏等新能源应用,2017年以来,全区绿色装机容量新增已达105 866.46kW。

(三)依托产业转型,加强培育绿色低碳循环新兴业态

依托产业基础和特色,加快高碳行业转型升级,深入推动大唐南京、华能金陵等重点煤电企业深入开展节能降碳技术改造和转型升级,引导企业率先完成环保超净排放改造,加快金陵石化"近零"排放部分项目启动实施,加快产业结构调整及"能效提升",企业万元产值综合能耗逐年下降。聚焦优势产业链高质量发展,加大重点项目招引力度,不断提升总部经济、楼宇经济和产业集聚发展水平,加快推动LG新能源电池、白云电气数字化工厂等项目尽早实现竣工投产。严格控制"两高"项目盲目上马,健全完善动态化清单管理机制,实施分类处置,举一反三做好"两高"项目管理,严格落实节能审查联合会审制度,把好新上项目入口关。

(四)围绕结构调整,加快打造智慧绿色交通整体格局

围绕栖霞长三角一体化桥头堡、宁镇扬同城化先导区、紫东核心区增长极等区域定位,编制《栖霞区综合立体交通网规划(2021—2035)》,建成绿色低碳循环运输体系,成功创建省绿色交通区域性项目示范区,助力江苏省加快构建资源节约、环境友好的绿色交通体系。整合上级行业管理部门、大数据管理部门等多方面资源,建智慧交通大脑,构建栖霞区路网中心、栖霞区农村公路管养平台等,全面提升重点监管能力、公路管养水平以及应急指挥能力,实现交通运输的高安全、高效能、高品质。

(五) 聚力建筑减排,全面树立绿色低碳发展城建典范

将绿色发展理念全面融入城建领域,大力推动绿色建筑高质量发展,实行绿色建筑全流程管理,城镇新建民用建筑全面执行绿色建筑标准,居住建筑全面执行75%节能标准,城镇绿色建筑占新建建筑比例100%,仅2021年,全区就新增绿色建筑面积约352万平方米。建立既有公共建筑运行能效标准,推动存量高能耗建筑节能技改,结合旧城改造、新区建设、绿色低碳生态示范城区及社区建设和新农村建设,加大既有建筑的节能改造和绿色化改造力度,全面提升绿色建筑能效水平。

(六) 着眼绿色生态,探索推动现代低碳农业体系建设

积极开展农业绿色推进行动,探索农业低碳发展路径,以规模场为抓手,全区持续推进规模及规模以下畜禽养殖户粪污综合利用工作,全区畜禽粪污综合利用率稳定在97%。在龙潭、八卦洲两个涉农街道开展全年秸秆综合利用及年度废旧农膜回收工作,资源利用率和处理率有效提升。强化沿江5公里"两减"亮点打造,指导街道制定、提交本年度化肥和化学农药"两减"实施方案,完成7 500吨有机肥、600吨配方肥、1 360吨生物有机肥实施到田。开展绿色防控示范区建设4 800亩,实施水稻侧深施肥1 070亩,助推粮食单产提升增效。聚力八卦洲打造集滨江观光旅游、西岗借力紫东核心片区建设,龙潭结合新城建设,发展滨江水乡、稻香荷韵和生态宜居田园,留住田园风光和乡土人情,实现了城乡良性互动和协调发展。

(七) 紧扣能力提升,持续增强生态资源固碳汇碳水平

深入推进城市森林建设和生态保护修复,着力增加森林农田、湿地碳汇,探索开展固碳汇碳能力建设,印发《2022年栖霞区林业工作指导性计划的通知》,完成国家林草局下达的公益林5 200亩森林资源管护、松材线虫病防治5 800亩,低效林改造734亩任务。持续推进废弃露天采矿山宕口生态修复工程,推动江南-小野田乌龟山砂岩矿和中国水泥厂南侧的青龙山矿等2个政策性关停的矿山宕口纳入南京市生态环境保护修复和综合治理规划。印发《栖霞区湿地生态巡护员管理办法(试行)的通知》,将功能区位重要、保护价值高或受威胁严重的湿地纳入湿地保护体系,加强行业管理,提升湿地保护水平,

指导完成龙潭过江通道及其北接线工程栖霞段永久占用省级重要湿地 0.96 亩、一般湿地 0.8 亩和临时占用湿地 9.37 亩手续,改善湿地生态环境。

(八)倡导低碳生活,努力营造绿色低碳发展社会氛围

积极倡导简约适度、绿色低碳生活方式,营造全社会绿色低碳发展新氛围,结合世界环境日、全国节能周、全国低碳日等开展系列宣教活动,鼓励全社会参与"双碳"行动,共建美丽家园。积极探索碳达峰行动示范区建设,重点打造南京经开区国家级碳达峰行动示范区,推进绿色工厂、绿色园区建设,打造工业绿色低碳发展示范样板。全力推进栖霞区公共机构合同能源管理,独立办公单位能耗数据实现单独或分栋分项计量,大力发展光伏发电项目。继续打造推广尧化街道尧林社区等低碳社区建设示范和垃圾分类全链条一体化模式试点示范,推广全区绿色低碳生活新方式。

四、存在的困难及挑战

当前受全球极端性气候和世界格局演化加速新一轮能源危机影响,实现双碳目标需进一步强化能源保供和转型升级,但栖霞区能源偏煤,产业偏重,发展面临着资源环境承载力趋紧,防范风险隐患压力加大,创新发展动能不足等问题,完成"双碳"任务较为艰巨。

(一)目标任务时间紧迫

碳达峰分为自然达峰和政策驱动达峰,欧美一些发达国家达峰过程都是在经济发展过程中因产业结构变化、能源结构变化、城市化完成而自然形成的,而我国确立 2030 年前实现二氧化碳排放达到峰值,意味着我国作为世界上最大的发展中国家,将完成全球最高碳排放强度降幅。从栖霞区实际情况进行分析,二产占比超过 50%,且主要以高耗能高碳排放的石化、化工、建材、煤发电等产业为主,在 2030 年之前,不仅要通过政策手段遏制高耗能高排放项目盲目发展,快速缩短达峰时间和降低达峰峰值,还要在这一过程中保持经济社会平稳健康发展,特别要保证能源安全、产业链供应链安全,这无疑是场硬仗。

(二)节能减排压力较大

通过对全区能源消费总量的综合分析和比较,全区碳排放量受能源生产与加工转换领域、工业领域碳排放量影响较大,占总排放量的97%,位居全市高位,其中煤炭的直接排放量分别约占能源排放量的75%左右,为主要的二氧化碳排放量来源,其次为炼厂干气和天然气,占比分别为11%和9%左右,能源消费结构仍以化石能源为主,且相关企业主要集中在金陵石化、华能、大唐等重点发电企业,短期内完成能源结构转型任务艰巨,降碳压力和难度很大。加之随着全区经济增长、城镇化水平的不断提高,人口规模增加将驱动能源消费和碳排放量保持增长态势,在水能、风电等可再生能源发展严重受限的形势下,光伏等新能源尚无法实现规模化替代,清洁低碳能源选择面不足。

(三)主观制约问题突出

部分企业对经济发展与减污降碳、局部利益与整体利益的关系认识不足,省市相关考核、奖惩、监管等措施还亟待完善。减污降碳政策机制的系统性创新性还存在不足,绿电消纳、屋顶光伏等面临成本、责任等机制性问题,减污降碳还缺乏政策激励。全社会低碳理念和行为习惯的宣传引导还不够。节能、减污、降碳的宣传不够,绿色生活习惯培养、低碳产品选择偏好等空间还有待提升。

(四)技术支撑尚显不足

相较于传统技术创新,低碳技术创新面临更大的研发风险,研发结果不确定性强,由于低碳技术对知识性、创新性要求更高,零碳和负碳技术等还处于理论或实验研发阶段,符合栖霞区优势产业的双碳前沿技术还较为匮乏。近年来,全区为实现区域高质量发展,探索最优"双碳"实现路径,虽梳理降污减碳技术成果近20项,但受限于低碳技术研究创新资金投入大、周期长、专用性特点,导致低碳技术创新进展困难。加之,现已试点运行的碳交易价格相对较低,购买方可以在碳市场上以低廉的价格获得碳排放权,致使减排成本远低于科技研发成本,企业缺乏动力开展技术创新。

五、下一步的对策建议

推动实现碳达峰碳中和,本质上是推动经济社会发展与碳排放逐渐"脱钩"。要顺利实现脱钩,必须要坚持以高质量发展为主题,以深化供给侧结构性改革为主线,深挖区域低碳发展潜力,把节能和控制化石能源消费增长放在突出位置,持续推动经济体系全面绿色升级,在全市率先走出一条区域绿色低碳转型的新路。

(一)强化大局观念,在多重目标中实现动态平衡

立足栖霞资源禀赋、产业布局、发展阶段等基础条件,紧盯能源行业这个碳达峰的"牛鼻子",提出符合实际、切实可行的目标任务和时间表、路线图。强化行政区、经开区、大学城三区联动,通过碳减排倒逼能源结构和产业结构"双优化",推动减污降碳协同增效,促进经济社会发展全面绿色转型,力争到2025年,全区单位国内生产总值能耗下降16%,单位国内生产总值二氧化碳排放比2020年下降24%左右,非化石能源占一次能源消费比重达到10%左右,碳排放总量得到有效控制,部分行业碳排放率先达到峰值,全区在2030年实现碳排放达峰。

(二)强化前瞻思维,把握绿色低碳转型主动权

加快组织实施重点用能企业节能降碳攻坚行动,鼓励重点行业、重点企业、重点项目开展节能低碳技术改造,充分挖掘节能潜力。大力优化产业结构,推动华能金陵、金陵石化、中国水泥厂等重点企业低碳转型升级。持续发展可再生能源,大力推进光伏、有序推进生物质发电,切实做好光伏试点工作,深入挖掘全区光伏发展潜能。积极支持综合能源利用项目,推动余气余热余压发电机组落地,实现"转废为电、变废为宝",最大限度减少排放,提高资源利用率。持续在控煤进度上下功夫,凝聚部门和属地工作合力,对排放要求、安全保障和煤炭热值联合监管,逐月发布减煤风险预警,按照红、黄、绿三个等级对减煤进展进行累计评估,有序推动产业结构绿色低碳化发展。

(三) 强化统筹推进,汇聚争先进位工作合力

厘清各级各部门权责,以"双碳"目标为引领,围绕工业、能源、交通、建筑、农业、碳汇等重点领域,部署达峰行动,建立完善碳减排工作机制,立足栖霞区所处的新发展阶段,开展以产业结构优化升级、能源结构绿色低碳转型、交通运输绿色低碳、绿色建筑能效提标、循环经济助力减碳、碳汇能力巩固提升、重点领域科技创新、低碳试点示范创建等为载体的八大达峰行动为根本路径,对标国际国内先进能效标杆,制定全领域低碳发展负面清单,高标准构建产业能效标准,促进区域产业节能低碳、绿色发展。

(四) 强化固本强基,稳步提升生态系统碳汇能力

围绕强化固本强基,把"双碳"工作与打造"最强增长极、最美新栖霞"紧密融合,严控"两高"项目盲目发展,重点推动大唐南京电厂二期 $2\times655MW$ 燃气轮机项目,按计划关停金陵石化自备电厂服役到期机组,力争栖霞区域内不再新增燃煤消耗,电热供应业碳排放呈现下降趋势。加强长江岸线整治复绿和生态修复工作,严格保护幕府山滨江风光带、栖霞山滨江风光带、八卦洲环岛湿地自然景观带等重要生态碳汇景观,常态化开展长江岸线生态监测和评估,增强储碳能力与固碳功能。坚持科学绿化,加大造林和森林抚育工作力度,实施湿地保护与修复,强化种质资源保护宣传,提升种苗管理水平,持续提升全区生态碳汇能力。

(五) 锚定"双碳"目标,校企携手机遇共创

充分发挥科技创新作为碳减排、碳达峰的第一动力,鼓励龙头企业、高校、科研院所等强化在石化、发电、建材等行业领域开展原料、燃料替代和工艺革新技术、碳捕集利用与封存等减碳技术研究,加快绿色低碳科技革命,重点对燃煤电厂低碳技术研究、CCUS 碳捕集技术、清洁能源开发、VOCs 废气治理技术、综合碳排放监管平台系统、含硫化氢废气湿法制酸等低碳相关在研低碳技术课题的研究与交流,实现产业和科技创新的更好衔接,以此提升区域低碳发展能力水平,以"绿"的成色助力栖霞区点燃碳达峰行动"前进"的引擎。

聚焦"自治""降本""优效"
破题栖霞农村人居环境长效治理

栖霞区农业局课题组、南京财经大学信息工程学院指导组[①]

2018年实施农村人居环境整治提升三年行动以来,栖霞区实现了自然村村庄清洁、无害化户厕、垃圾分类和污水处理设施规划保留村四个全覆盖目标,农村整体环境面貌显著提升。为进一步巩固整治成果,全面推动农村环境由干净整洁有序向生态美丽宜居转变,2021年,栖霞区入选全市实施农村人居环境自主管护工作试点,积极探索以自主管护为主的都市型农村长效管护运行之路,破解长效治理难题。经测算,2022年以来,全区农村管护成本平均降低约10%,基本实现了自治、降本、优效等预期效果。

一、工作开展情况

(一) 坚持党建引领,推动环境整治由"一人干"向"合力干"转变

一是党群联动合力干。把农村党小组作为延伸党建功能、凝聚农村党员、释放引领效应的红色载体。优化设置党小组,将党小组阵地设在群众身边,把党组织"神经末梢"延伸到环境整治一线。综合考虑能力强、素质高、精力旺的党员骨干担任党小组组长,由村干部下沉党小组担任联络员,让党组织堡垒"前哨点"坚强有力。采取"1+N"方式推动党小组党员与农户结对,实现党员

[①] 课题负责人:胡吉东 专家指导:毛波
本文在2022年度栖霞区"校地党校工作联盟"课题调研评奖中获优秀奖。

联系群众全覆盖。二是组建联盟一起干。充分发挥基层党组织战斗堡垒作用,以人居环境整治工作为契机,鼓励村组建立"村党支部+网格员+巾帼志愿者+老党员志愿者+长效管护队+村民"共建联盟,让农村党员、志愿者"红马甲"齐上阵,面对面入户宣传,手把手指导示范,积极组织农户和家庭参与整治美化家居环境。如八卦洲上坝村打造"党建+小阿姨"社会治理特色品牌,将热心社会公益的退休女党员吸纳到志愿者队伍中,并参与到垃圾分类、治安巡逻等日常管护工作中,形成一道亮丽的风景线。同时,组建突击队,针对公共区域、环境死角开展集中整治,让群众看到环境改善的成果。2022年以来全区共计开展村庄清洁行动 3 300 余场次、动员参与村民 4.2 万人次,清理农村各类垃圾 7 600 余吨。三是引导群众自发干。充分利用新时代文明实践站大力宣传人居环境整治政策措施等,将整治相关要求纳入村规民约。鼓励各行政村制定村组公共区域环境、农户环境考核细则,有效激发村民参与热情;根据定期督察情况,对人居环境整治效果开展评比,督促村民管好"门前三包";组织综合评分较好的区域和农户参加"最美家庭户"等活动评选,引导群众从"袖手看"到"动手干"再到家家户户"比比看"。

(二) 坚持示范培育,推动乡村面貌由"一处美"向"全域美"蜕变

一是组织观摩学习经验。组织 3 次培训会,邀请相关专家教授专题授课;举办 4 次现场观摩会,组织街、村前往外沙村、太平村以及其他先进地区参观学习乡村建设、人居环境整治和产业发展经验做法,帮助大家开阔眼界、打开思路。如龙潭街道马渡村在农村人居环境河道治理基础上推行"鱼水共养"模式,每年不仅节约了 12 万元的打捞水草成本,每年价值约 18 万元的成鱼让每户村民享受了春节福利。该模式在龙潭街道进行了推广,开创河道长效管护与助民增收得利的"双赢"局面。二是培育打造典型示范。2021 年初,在充分考量行政村基础前提下,选取外沙村、太平村试点开展农村人居环境自主管护工作,经过一年实践,试点的两个村充分发挥村委会、集体经济组织职能,组建自主管护队伍,细化工作任务,高效组织实施,整体管护效果明显提升,资金使用效益也有所提高,全年长效管护实际支出约 364 万元,比上年节约资金 110 万元,同比降低 30.3%,在完成既定目标的同时实现了集体组织成员稳定性收入的提高,群众参与"门前三包"积极性也显著增强。试点项目为全区推进农村人居环境自主管护工作树立了风向标,也激发了其他各村参与的积极性。

三是拓展美丽乡村边界。在示范带动、全域整治基础上,积极拓展优美农村环境功能边界,围绕八卦洲陌上花渡、龙潭"水一方"、桦墅村等窗口区域,因地制宜创建美丽宜居乡村,发展休闲农业和乡村旅游,将零散资源"串起来",打造赏乡村风貌、做农家乐事、尝农家美食、住精品民宿为主题的旅游线路,培育"一村一特色""一街一组团"的乡村旅游新格局。如八卦洲中桥村以青年桥青春里街区打造为契机,加大周边环境整治、道路绿化等工作力度,突出产业结构调整,推动生态旅游发展,盘活 15 家农户房屋开展商业经营,形成了旅游观光、餐饮、零售为一体的街区。

(三)坚持自主管护,推动人居环境由"一时净"向"常态净"质变

一是建立自主管护队伍。全区 21 个行政村均建立以村股份合作社为主体运作的管护机制,组建由村股份合作社社员参与的专职化自主管护队伍,全面承担村内河道管护、绿化维护、垃圾清运、公厕管理等公共区域环境管护工作。目前,全区共有专业管护队员 900 余人,各村均制定管护人员考核办法,加强日常人员管理,明确管护任务,倒逼各项管护工作落地落实,着力解决农村公共基础设施"有人用、无人管"等问题。二是实施动态考核机制。区委农办建立完善"月暗访、季通报、年总评"制度,每月对 21 个行政村开展常态化明察暗访,每季度开展群众满意度调查问卷,及时了解群众诉求,在此基础上,年底集中开展管护成果绩效评价、管护成效群众评议,对评议结果进行公示,根据考评结果支付管护报酬,同时,以村小组为单位,组织开展全区农村人居环境星级评比活动,促进长效自主管护机制高质高效运行,着力解决农村公共基础设施"有心管、无力管"等问题。三是加强政策资金保障。自 2018 年以来,全区累计整合涉农资金 8.7 亿余元,投入四好公路、污水治理、旱厕改造、危房整治等环境整治项目,农村整体面貌明显改善。制定涉农小型工程招标流程优化政策,对 30 万以下小型工程服务的开展由集体经济组织自行招标开展,节约了前期项目设计费、招标代理费、管理费等资金。多方筹集管护经费,2021 年以来统筹农业、水务、城管等部门财政补助资金,进一步巩固环境整治成果。同时,通过财政补助一点、街村投入一点、企业乡贤资助一点,利用财政资金撬动社会资本,着力解决农村公共基础设施"有钱建、无钱管"等问题。

二、存在的问题

(一) 资金来源较为单一

在资金投入方面能力有限,在筹集管护资金方面渠道还需进一步拓宽。资金来源主要为财政补贴和村级自筹,且部分项目如道路维修等没有专项财政资金,在具体开展上有一定困难。

(二) 人员素质参差不齐

村级管护队伍老龄化现象严重,年轻人占比较少,管护人员知识水平和业务能力参差不齐,有时候出现管护不及时、管护不到位、管护方式方法不合理等现象。

(三) 管护水平发展不均

宜居村重视程度和管护程度标准较高,一般整治村相对薄弱。对村庄窗口重视程度高,管护水平较高,村庄内部、较为偏僻处管护水平相对薄弱,存在重视整体忽略细节等现象。

三、下一步工作打算

(一) 强化监督考核

运用信息化技术,提升现有的管理水平,可以联合高校科研单位,借助省市智能管理平台,通过共同研发,建立长期运行的信息管控系统,对区域内资源、人员、设施等进行全面统一管理,在加强信息服务的基础上,提升整体监督考核体系。

(二) 完善资金保障

统筹保障农村人居环境管护资金投入,对集体经济薄弱的、筹措资金困难的行政村,适当予以倾斜。同时,结合农村环境,发展露营农业体验等新型休闲文旅业态,规范化多种服务设施,引入外部投资,增强造血能力,通过统一规划挖掘潜力,提升设计水平,改善配套设施,走出近郊乡村旅游新思路。

(三) 加大宣传引导

聚焦新媒体,挖掘区内网红大 V 等资源,并整理有关的网红景点、小店等,建立宣传库,定期邀请相关人员进行交流座谈,通过自媒体方式实现区内新农村建设的高效宣传;重点引导帮扶一批网红农户,通过举办培训班,引导对接相关资源,鼓励农民自发宣传与推介;主动对接区内市内相关 MCN 机构,扶植培养农业农村相关领域账号矩阵,实现新媒体环境下新农村建设的大力宣传,从而实现引流与经济发展。